W0263591

Georg Fischer

DOS Profi Utilities
mit Turbo Pascal

GEORG FISCHER

DOS PROFI UTILITIES
MIT TURBO PASCAL

Die Deutsche Bibliothek – CIP-Einheitsaufnahme

Fischer, Georg:
DOS Profi utilities mit Turbo Pascal /
Georg Fischer. – Braunschweig; Wiesbaden:
Vieweg, 1992
   ISBN 978-3-528-05196-9   ISBN 978-3-322-89436-6 (eBook)
   DOI 10.1007/978-3-322-89436-6

Das in diesem Buch enthaltene Programm-Material ist mit keiner Verpflichtung oder Garantie irgendeiner Art verbunden. Der Autor und der Verlag übernehmen infolgedessen keine Verantwortung und werden keine daraus folgende oder sonstige Haftung übernehmen, die auf irgendeine Art aus der Benutzung dieses Programm-Materials oder Teilen davon entsteht.

Umschlaggestaltung: Schrimpf & Partner, Wiesbaden

Gedruckt auf säurefreiem Papier

ISBN 978-3-528-05196-9

Vorwort

Als ich im Jahre 1984 begann, mich für Mikrocomputer zu interessieren, hätte ich nie gedacht, dass aus diesem Hobby einmal ein wesentlicher Bestandteil meines Berufes werden sollte. Heute blicke ich auf spannende Jahre zurück, in denen ich mit dem IBM-PC und dem Atari Erfahrungen gesammelt habe.

Bereits nach kurzer Zeit wuchs meine Vorliebe zum IBM-PC, da für ihn auf dem Markt das grössere Software-Angebot zu finden ist. Ich begann, einfachere Programme in Basic zu schreiben, weil MS-DOS von Anfang an mit einem BASIC-Interpreter ausgeliefert wurde. Doch nach der ersten Faszination entdeckte ich schnell, daß es sehr aufwendig ist, Systemprogramme in Basic zu schreiben, da es nur wenig fest eingebaute Funktionen dafür gibt. Ausserdem sind im Befehlsumfang von GW-Basic (oder BASICA) keine Befehle enthalten, die den direkten Aufruf von Interruptroutinen erlauben. Diese zwei Nachteile führten schliesslich dazu, daß ich mich für Turbopascal interessierte und begann, einige mathematische Probleme sowie DOS-Utilities zu programmieren.

Bern, den 12.10.1991

INHALTSVERZEICHNIS

1 Einführung

Seit Jahren hat das Betriebssystem MS-DOS trotz OS/2 und UNIX seine wichtige Stellung behalten können und wird durch neue Software-Ideen wie z. Bsp. Windows 3.0 und zahlreiche Utilities immer besser genützt. Es sieht nicht so aus, als ob sich in der näheren Zukunft daran viel ändern würde. Die auf dem Markt vorhandene Fülle an DOS-Utilities deutet jedoch darauf hin, daß das Betriebssystem einige gravierende Mängel in Bezug auf die Anwenderfreundlichkeit aufweist, die bis zur MS/PC-DOS-Version 3.3 von Microsoft und IBM nicht behoben wurden. Erst in der Version 5.0 sind grundlegende Verbesserungen eingeführt worden.

Die Norton-Utilities und die PC-Tools füllen die wichtigsten Lücken des Betriebssystems. Verständlicherweise geben aber die Autoren von solcher Profi-Software Ihre Programmideen bzw. den Quell-Code, der hinter den Programmen steckt, nicht allgemein bekannt. Es ist daher für viele Programmierer ein Bedürfnis, hinter die Kulissen zu sehen und die grundlegenden Ideen der Systemprogrammierung selbst nachvollziehen zu können.

Aufgrund des Mangels an frei verfügbaren Programmen ist die Idee zu dieser Programmsammlung entstanden.

Wer sollte dieses Buch lesen? Fast jeder Turbo-Pascal-Programmierer, der Erfahrung im Umgang mit dem Betriebssystems MS-DOS sowie der Hardware des Computers hat, findet darin Ideen und Programmiertechniken, die ihm bei seiner eigenen Arbeit weiterhelfen können. Das Buch richtet sich jedoch auch an den Benutzerkreis, der sich Systemkenntnisse aneignen will.

Die im Buch enthaltenen Utilities wurden unter verschiedenen MS-DOS-Versionen sowie unterschiedlichen PC-Konfigurationen getestet.

(Graphikkarten: Hercules, CGA, EGA, VGA /MS-,PC-DOS Versionen 3.1, 3.2, 3.3, 4.01 und 5.0) Sie können mit dem Turbopascal-Compiler von Borland mit den Versionen 4.0 bis zu 6.0 kompiliert werden. (Ausnahme: Das Utility "Alarm" des Anhanges ist erst ab Version 5.5 zu kompilieren)

Die Programmiersprache Turbopascal wurde zur Realisierung aus den folgenden drei Gründen gewählt:

▶ Der Turbopascal-Compiler von Borland ist einer der schnellsten Hochsprachen-Compiler, was sich besonders auf langsamen Rechnern der XT-Klasse positiv auswirkt.

▶ Turbopascal hat ab der Version 4.0 eine gute Schnittstelle zu MS-DOS, sowohl was das Interrupt-Handling als auch die Zahl der zur Verfügung gestellten Betriebssystemfunktionen betrifft.

▶ Pascal ist nach Basic die wohl am weitesten verbreitete Programmiersprache. Viele Nachteile, die der Compiler zu Beginn aufgewiesen hat, sind nach und nach verschwunden. In der neuesten Version (6.0) gibt es nun sogar Mausunterstützung; außerdem wurden die Graphikmöglichkeiten erheblich verbessert.

1.1 Die Kapitel im Überblick

Im zweiten Kapitel wird das Programmieren mit dem Interruptsystem kurz erläutert und an zwei Beispielen vorgestellt. Die fest eingebauten Funktionen zur Systemprogrammierung werden systematisch aufgeführt und deren Arbeitsweise erklärt. Anschließend wird in Kapitel 3 die Rekursion zuerst theoretisch und dann auch praktisch an einem Beispiel betrachtet. Im vierten Kapitel werden schließlich alle Utilities nach folgendem Schema dargestellt und erläutert:

a)	Thematik der Utility (z. B. Datenschutz)

b)	Aufruf des Programms/Übergabeparameter

c)	Ziel/Zweck des Programms

d)	Funktions-Schema

e)	Verwendete DOS-Funktionen/Prozeduren

f)	Unterprogramme

	Interessante Auszüge aus dem Programm-Listing

g)	Hauptprogramm

h)	Programm-Quellcode (wenn nicht zu umfangreich)

Um Ihnen einen kurzen Überblick über die Utilities zu vermitteln, ohne daß Sie sich in die Details vertiefen müssen, wird hier die Bedeutung der einzelnen Programme kurz erläutert.

Dattim

Zeigt das aktuelle Datum und die Uhrzeit an, ohne die MS-DOS-Abfrage beim Date- und Time-Befehl, bei denen ein neues Datum oder eine neue Uhrzeit gesetzt werden sollen.

Dirp

Ein selbst erstellter "Directory"-Befehl, der außer den Dateinamen und den Dateigrößen auch die **Dateiattribute** ausgibt. Die Uhrzeit der Erstellung wird auf die Sekunde genau ausgegeben. Im Wurzelverzeichnis wird außerdem das Label mit Datum und Uhrzeit der Erstellung angezeigt. Dies erlaubt in vielen Fällen Rückschlüsse auf das Diskettenalter, da die Diskkennung oft beim ersten Formatieren angebracht wird. Im Gegensatz zum DOS-Dir-Befehl werden auch versteckte Dateien angezeigt.

FCD

Ein sehr bequemer "Change-Directory"-Befehl, der mit einem Verzeichnisbaum arbeitet. Der Befehlsname wurde analog zu den Norton-Utilities gewählt ("Norton Change Directory" - "NCD"). Im graphisch dargestellten Verzeichnisbaum ist es nicht nur möglich, in ein anderes Verzeichnis zu wechseln, sondern es werden auch alle wichtigen Verzeichnis-Befehle zur Verfügung gestellt, wie zum Beispiel:

a)	ein "MakeDir " (Verzeichnis erstellen)

b)	ein "RemoveDir" (Verzeichnis entfernen)

c)	ein "RenameDir" (Verzeichnis umbenennen)

d)	eine Suchfunktion (Verzeichnis im Baum suchen)

MDH

Unter MS-DOS 3.3 gibt es keinen Befehl, um versteckte Verzeichnisse anzulegen. Mit MDH besteht eine Möglichkeit, genau dies zu tun. Außerdem wird eine Möglichkeit gezeigt, wie auch die Attribute von Verzeichnissen geändert werden können. Dies ist eigentlich von MS-DOS aus nicht vorgesehen - und dennoch gibt es eine Systemfunktion, die mit einem speziellen Trick das Setzen von Verzeichnisattributen ermöglicht.

LDIR

Der TREE-Befehl unter MS-DOS 3.3 ist - wie allgemein bekannt - nicht sehr bequem. Allzu schnell ziehen am Bildschirm die Verzeichnisse vorbei, ohne einer sinnvollen Möglichkeit, das Bild anzuhalten. Bis das Bild mit

<CTRL-S> gestoppt ist, ist oft das gewünschte Verzeichnis schon weg ... ganz zu schweigen von den störenden Leerzeilen, die der Befehl einfügt. Mit **LDIR** sind diese Probleme gelöst: Nach jeder vollen Bilschirmseite wird die Ausgabe angehalten und die Verzeichnisse können in Ruhe betrachtet werden. Die störenden Leerzeilen fehlen. Außerdem werden die Verzeichnisattribute angezeigt.

LOCK

Das Betriebssystem MS-DOS bietet keine Datenschutz-Möglichkeiten, um Dateien vor unbefugtem Zugriff zu schützen. Die Möglichkeit, ein "Hidden"-Attribut zu setzen, ist zu wenig sicher, da dieses Hindernis ohne große Anstrengung zu umgehen ist. Das Utility "**LOCK**" leistet da bessere Dienste: Es codiert eine Datei mit einem Zufallsalgorithmus, der passwortgesteuert ist. Die codierte Datei genügt hohen Sicherheitsanforderungen und ist ohne Passwortkenntnis fast nicht mehr zu entschlüsseln. Für besondere Zwecke sind auch Mehrfachcodierungen möglich, die ein Decodieren ohne Passwörter unmöglich machen.

WIPE

Dateien, die nicht mehr gebraucht werden, können mit dem DEL-Befehl von DOS gelöscht werden. Falls eine Datei versehentlich gelöscht wurde, kann sie mit den PC-Tools oder den Norton-Utilities rekonstruiert werden. Was geschieht aber, wenn der Dateiinhalt vertraulich oder geheim war? In solchen Fällen ist der DEL-Befehl eine Katastrophe, weil er eine nicht vorhandene Sicherheit vortäuscht. WIPE löscht Dateien sicherer, indem sie physikalisch überschrieben werden. (DEL löscht nur den ersten Buchstaben vom Verzeichniseintrag.)

ATTR

Zu jeder Datei gibt es vier Attribute (Archive, Read-Only, System und Hidden), die gesetzt werden können. Der DOS-Attrib - Befehl läßt jedoch aus unbekannten Gründen nur die Änderung der zwei Attribute "Archive" und "ReadOnly" zu (bis MS-DOS 3.3). Mit dem vorliegenden Befehl ist es möglich, alle 4 Attribute zu setzen oder zu löschen.

FFT

Sucht Dateien in jedem Verzeichnis auf der ganzen Disk und liefert den Fundort mit Verzeichnispfad, Dateinamen und Dateigröße.

FHIDE

Der Befehl sucht alle versteckten Dateien auf einem Laufwerk und liefert als Ergebnis die Verzeichnisnamen und den Suchpfad. Mit dem **Attr**-Befehl kann bei Bedarf das Hidden-Attribut entfernt werden.

FSIZE

Bei der Verwaltung einer Disk sind oft die großen Dateien gesucht, die am meisten Platz belegen. FSIZE sucht alle großen Dateien auf der Disk ab einer bestimmten, frei wählbaren Größe (Eingabe in Anzahl Bytes).

KILL1

Falls eine ganze Disk "geleert" werden muß und ein Neu-Formatieren zu lange dauert, dann leistet diese Utility gute Dienste: Die Dateien und Verzeichnisse werden entfernt, unabhängig von allfälligen Datei-Attributen. Bis eine 40 MB Harddisk geleert ist, vergehen ca. 1-2 Minuten. Eine Neu-Formatierung dauert viel länger.

NEW

Bei einem größeren Projekt fehlt oft die Möglichkeit, alle Dateien auf die neueste Uhrzeit und das neueste Datum zu setzen. So entstehen dann Verzeichnisse mit bunt gemischten Zeiteinträgen. Die Utility "NEW" setzt bei allen Dateien die aktuelle Uhrzeit und das aktuelle Datum.

SPLIT

Auf einer Harddisk befinden sich oft sehr große Dateien, die nicht mehr zusammenhängend auf eine Diskette kopiert werden können. Sobald ein Datenaustausch zwischen zwei PC's notwendig wird, ist das Dilemma da: Der Backup-Befehl hilft evtl. nicht, weil die Systeme unterschiedliche DOS-Versionen haben, und eine Übertragung über die serielle Schnittstelle dauert zu lang. In solchen Fällen hilft der "SPLIT"-Befehl: Er teilt große Dateien in Bruchstücke auf, die problemlos auf einer Diskette Platz finden. Anschließend können die Teile auf eine andere Harddisk kopiert und dort mit dem

COMB- Befehl

wieder zusammengesetzt werden.

EDPA

Wird in DOS mit "PATH" ein Such-Pfad für ausführbare Dateien gesetzt, so kann dieser Suchpfad nicht editiert werden. Eine nachträgliche Änderung erzwingt das neue

Eintippen der gesamten Zeile ...(oder ein Batch-File). Hier hilft "EDPA", das ein bequemes Editieren des Pfades und das anschließende Ablegen in der Umgebungsvariablen erlaubt. Zusätzlich ist es möglich, den momentanen Pfad in einem "Batch"-File zu speichern und so später wieder zu verwenden.

EDPR   Ermöglicht analog zu EDPA das Editieren des Systempromptes.

PTYPE   Ein bequemerer TYPE-Befehl, der es möglich macht, den vorbeiziehenden Text auf einen einfachen Tastendruck hin anzuhalten. Zusätzlich ist die Scroll-Geschwindigkeit gegenüber dem DOS-Befehl "TYPE" etwas herabgesetzt, so daß der Betrachter genügend Zeit hat, wichtige Ausschnitte zu erkennen.

HEXLIST   Ausführbare Dateien mit der Dateiendung ".com" und ".exe" können mit dem DOS-Befehl TYPE wie auch mit PTYPE wegen der Steuerzeichen (ASCII 0 bis ASCII 31) nicht betrachtet werden. Dabei gibt es etliche "Textteile" in einer solchen Datei, die für den Betrachter interessant sein könnten. Gerade ein Virus enthält irgendwo den Text "HaHa, Formatiere Deine DISK ..". Mit Hexlist können solche Dateien gelesen werden. Zusätzlich ist die Ausgabe im Hexadezimal-Modus möglich.

VOLX   Zeigt das Label einer Disk mit Datum, Uhrzeit und allen Attributen an. (Erweiterter DOS VOL-Befehl)

COPVOL   Mit Xcopy können unter DOS ganze Verzeichnis-Strukturen und Dateien zwischen Laufwerken mit unterschiedlicher Kapazität kopiert werden. Nur das Disketten-Label kommt nicht mit. COPVOL kopiert das Label in solchen Fällen.

ANHANG   An einem einfachen Beispiel, einer Uhr mit Weckerfunktion, soll der Einstieg in die TSR-Programmierung gezeigt werden.

2 Turbo-Pascal unter MS-DOS ___

2.1 Interrupt-Handling

Seit der Entwicklung des Intel-8088 Prozessors spielen Interrupts in dessen Konzeption eine wichtige Rolle. Mit ihrer Hilfe bekommt man Zugang zum Betriebssystem des PC's und kann seine Funktionen für eigene Programme nützen.

Ein Interrupt ist nichts anderes als eine wichtige Unterbrechung des gerade durch den Prozessor bearbeiteten Maschinensprache-Programms. Bevor das laufende Programm weiter abgearbeitet wird, wird die Interrupt-Routine ausgeführt, die auch nichts anderes als ein Programm ist, das den Prozessor direkt anspricht. Ihr Ende wird durch einen IRET-Befehl (Interrupt-Return) gekennzeichnet und anschließend wird das unterbrochene Programm fortgesetzt.

Bisher wurde ganz allgemein von einem Interrupt oder einer Interrupt-Routine gesprochen, ohne zu erwähnen, daß der 8088/86-Prozessor unter DOS nicht nur einen, sondern 256 Interrupts verwaltet.

Zu jedem Interrupt gehört eine Interruptroutine. Um die Verbindung vom Interrupt zur entsprechenden Routine herzustellen, gibt es die Interruptvektortabelle, die die ersten 1024 Bytes des Arbeitsspeichers belegt. Diese Tabelle kann maximal 256 verschiedene Adressen aufnehmen (2 Bytes pro Adresse für den Segmentanteil und 2 Bytes für den Offsetanteil). So existiert für jeden der 256 Interrupts in der Tabelle eine Adresse (ein Vektor). Diese Adresse zeigt auf die Anfangsadresse der Interruptroutine im Speicher des PC's.

Im folgenden wollen wir uns nur mit Software-Interrupts beschäftigen. Hardware-Interrupts werden durch eine Hardware-Komponente des Systems aufgerufen und haben für unsere Arbeit keine direkte Bedeutung.

Ein Software-Interrupt wird durch ein besonderes Programm, das den INT-Befehl enthält, aufgerufen. Dies ist nicht nur von der Assembler-Ebene, sondern auch von einer Hochsprache aus möglich. Dabei wird aber der Interruptaufruf der verwendeten Programmiersprache in den Assemblerbefehl INT übersetzt. Nur dieser kann schließlich einen Software-Interrupt auslösen.

Interrupts und Turbopascal

Turbopascal ist eine sehr leistungsfähige Hochsprache. Sie stellt dem Programmierer zwei Befehle zum Aufruf von Interrupts zur Verfügung: MSDOS() und INTR(). Dabei ruft MSDOS die DOS-Funktionen des INT(21h) auf; mit INTR() kann ein beliebiger Interrupt aufgerufen werden.

Die kompletten Register des 8088/8086 können an die Interrupts übergeben werden. Mit der Deklaration

```
a) type
Registers = record
case boolean of
true:
(ax,bx,cx,dx,bp,si,di,ds,es,flags: Integer);
false:
(al,ah,bl,bh,cl,ch,dl,dh: Byte);
end;
b) var
Regs: Registers;
```

konnte man in der Turbopascal-Version 3.0 die Variable "Regs" als Schnittstelle für die Interruptaufrufe verwenden. Dabei ergibt die Boolean-Deklaration die Möglichkeit, sowohl die ganzen Register als auch die Registerteile (Lowbyte und Highbyte) anzusprechen.

Diese Deklaration für die Variable Regs entfällt ab der Turbo-Pascal-Version 4.0. Für den Variablentyp "Regs" ist in der Unit DOS schon ein entsprechender Datentyp reserviert. Die obige Deklaration (a) entfällt und man kann den Datentyp "Registers" wie in (b) benützen. Allerdings muß im Programm zu Beginn die Zeile "Uses DOS;" eingefügt werden.

Um einen Interrupt aufrufen zu können, stellt Turbo Pascal die **INTR-Prozedur** zur Verfügung, die mit den folgenden Parametern aufgerufen wird:

Intr(Intnummer: Byte, Regs: Registers);

Dabei enthält der Parameter Intnummer die Nummer des gebrauchten Interrupts, welcher einen Wert zwischen 0 und 255 aufweisen muß. Die Prozedur

MSDOS ist eine besondere Form des INTR-Aufrufes. Sie wird ähnlich wie die INTR-Prozedur aufgerufen:

MSDOS(Regs: Registers);

Die Nummer des Interrupts muß dabei nicht angegeben werden, da die Prozedur MSDOS definitionsgemäß immer den Interrupt 21h (21 hex = 33 dezimal) anspricht.

Um einen Interrupt aufrufen zu können, müssen die entsprechenden Register zuerst die für den Interrupt wesentlichen Werte erhalten. Dies geschieht mit einer einfachen Zuweisung:

```
Regs.ax := 48 oder Regs.ax := $30;
```

Die Zuweisung kann entweder dezimal oder hexadezimal erfolgen.

Selbstverständlich müssen für einen Interruptaufruf immer nur den direkt beteiligten Registern Werte zugewiesen werden. Welche Register bei einem bestimmten Interruptaufruf gesetzt werden müssen, ist in der Fachliteratur (1, 2, 3) dokumentiert.

An zwei einfachen Beispielen soll die Interruptprogrammierung kurz gezeigt werden. Das 1. Programm hat die Aufgabe, die DOS-Versionsnummer zu ermitteln:

```
Program Ver0;

Uses DOS;

Var Regs: Registers;
Begin
 Regs.ah := 48;
 Intr($21, Regs);
 Writeln('DOS-Version: ',Regs.al,'.',Regs.ah);
End. (* Program *)
```

Mit der Funktion 30h (48 dezimal) des Interrupts 21h kann die DOS-Versionsnummer ermittelt werden. Das Ergebnis des Aufrufs wird anschließend in den Registerteilen *Regs.al* und *Regs.ah* zurückgeliefert. Die Eingaben beschränken sich in diesem Beispiel auf die Angabe der Interruptnummer sowie der entsprechenden Unterfunktion (48/30h). Das Ergebnis wird dann auf einfache Weise zur Verfügung gestellt.

Das zweite Beispiel ist für die Anwender gedacht, die sich über den Strichcursor ärgern, den MS-DOS normalerweise zur Verfügung stellt. Mit dem Interrupt 10h ist es mit wenig Aufwand möglich, sich selbst einen Blockcursor zu konstruieren. Die Start- und Endezeile des Bildschirmcursors ist von der Graphikkarte abhängig. So werden bei der CGA, EGA und VGA - Graphikkarte die Werte 0 und 7 benützt, um einen Blockcursor darzustellen; bei der Hercules-Karte die Werte 0 und 13. (2, S. 314)

Das nun folgende Programm bestimmt zuerst die Graphikkarte, und setzt anschließend den Cursor mit dem Interrupt 10h, Funktion 1h.

Um wieder einen Strichcursor setzen zu können, müssten für die Start- und Endezeile die Werte 6 und 7 (CGA,...) bzw. 12 und 13 (Hercules-Karte) gesetzt werden. Versuchen Sie selbst, das entsprechende Programm zu formulieren.

```
{*****************************************************************}
{* B L O C K                                                   *}
{*-----------------------------------------------------------*}
{* Aufgabe : BLOCK verwandelt den Strichcursor in einen        *}
{* BlockCursor, bei CGA, EGA, VGA und Hercules.                *}
{*-----------------------------------------------------------*}
{* Autor : GEORG FISCHER                                       *}
{*                                                             *}
{* entwickelt am : 08.08.1991                                  *}
{* letztes Update : 08.08.1991                                 *}
{*****************************************************************}

PROGRAM BLOCK;

{$R+} {* RANGE CHECKING ON ##}
{$S+} {* STACK CHECKING ON ###}
{$I+} {* I/O CHECKING ON ###}
{$N-} {* NO NUMERIC COPROCESSOR ###}
{$M 16384,0,0} {* MEMORY SIZES *}

USES DOS, GRAPH;

VAR REGS : REGISTERS;
  START : BYTE;
  ENDE : BYTE;
  GRAPHDRIVER : INTEGER;
  GRAPHMODE : INTEGER;
```

```
BEGIN

  (* JE NACH GRAPHIKKARTE START- UND ENDEZEILE SETZEN *)

  DETECTGRAPH(GRAPHDRIVER, GRAPHMODE);

  CASE GRAPHDRIVER OF
  -2,2,5,7: BEGIN
     START := 0; ENDE := 13;
  END;
  1,3,4,9: BEGIN
     START := 0; ENDE := 7;
  END;
     ELSE BEGIN
     START := 0; ENDE := 13;
     END; (* ELSE BEGIN *)
  END; (* CASE *)

  (* MIT INTERRUPT WERTE SETZEN *)

  REGS.AH := 1;
  REGS.CH := START;
  REGS.CL := ENDE;
  INTR ($10, REGS);
END.
```

2.2 Eingebaute Funktionen zur Systemprogrammierung

Alle vorgestellten Utilities arbeiten mit Turbopascal-Prozeduren, die elementare DOS-Funktionen (Interrupts) enthalten. Auf den folgenden Seiten werden wichtige verwendete DOS-Prozeduren aus Turbopascal kurz vorgestellt und an einem Beispiel erläutert. Die beschriebenen Beispiele werden in irgendeiner Form in den Utilities verwendet. Die vorgestellten Programme sind kurz gehalten und ihr Inhalt ist intuitiv erfassbar.

Assign-Prozedur

Ordnet einer Datei-Variablen eine externe Datei zu. Diese kann eine "normale" Datei auf der Festplatte sein; die Ausgabe kann aber auch über die Datei-Variable *fil* auf den Drucker oder anderswohin umgeleitet werden.

Syntax:	**Assign(var fil; Name: String);**

Beispiel:

```
Program Ass;
Var fil: Text;

Begin
 Assign(fil,'LPT1'); {* LPT1: Erster Drucker an par. Schnittst.*}
 {$I-}
 Rewrite(fil);
 Writeln(fil,'Ich drucke Ihre Daten ...');
 Close(fil);
 {$I+}
 If (IOResult <> 0) Then Writeln('Drucker nicht bereit !');
End.
```

Der Compiler-Schalter {$I-} unterdrückt den auftretenden Laufzeitfehler, falls der Drucker ausgeschaltet ist oder andere Ausgabefehler auftreten.

BlockRead/Write-Prozedur

BlockRead liest einen oder mehrere Records aus einer Datei in eine Puffervariable. BlockWrite schreibt einen oder mehrere Records aus einer Puffervariablen in eine Datei. Dazu wird eine Dateivariable (*fil*) übergeben, ein Puffer (meistens ein Array of Char) und zwei Zählvariablen. Der erste Zähler (*count*) gibt die Anzahl der zu lesenden/schreibenden Records an, die zweite Zählvariable die Anzahl der vollständig gelesenen/geschriebenen Datenrecords.

Syntax:	**Blockread(Var fil: File; var Buffer; count: Word;** **result: Word);**

Beispiel:

```
Program CodeFile;
Const Bufsize = 2048; {* Puffergröße *}

Var Source, Dest: File; {* Quelldatei/Zieldatei *}
 Count : Integer; {* Zaehler *}
```

```
   Buffer : Array [1..Bufsize] of Char; (* Lese/Schreib-Puffer *)
   I : Integer;

Begin
 Assign (Source, Paramstr(1));
 Assign (Dest, Paramstr(2));
 Reset(Source, 1); (* Recordgröße auf 1 Byte setzen *)
 Rewrite(Dest, 1); (* und Dateien eröffnen. *)

 Repeat
 BlockRead (Source, Buffer, Bufsize, Count); (* Datei lesen *)
 For I:=1 To 2048 Do
    Buffer[I] := Chr(255 - Ord(Buffer[I]));
 BlockWrite(Dest , Buffer, Count); (* "Datei schreiben *)
 Until EOF(Source);
 Close(Source);
 Close(Dest);
End. (* Programm CodeFile *)
```

ChDir-Prozedur

Wechselt das momentane Verzeichnis, analog dem DOS-Befehl CD.

Syntax:	**ChDir(DirName: String);**

Beispiel:

```
 Program CDO;
 Var DirName: String[12];
 Begin
  DirName := ParamStr(1);
  {$I-}
  ChDir(DirName);
  {$I+}
  If (IoResult <> 0) Then Writeln('Wechsel unmöglich .');
 End.
```

Chr-Funktion

Liefert das entsprechende ASCII-Zeichen zur angegebenen Nummer.

Syntax:	Chr(Z: Byte)

Beispiel:

```
Program Beep; (Nützt die Tatsache aus, daß ASCII 007 einen
Begin Piepston erzeugt.)
 Writeln(Chr(7));
End.
```

DetectGraph-Prozedur

Stellt aufgrund der Hardware des Computers fest, welcher Graphiktreiber und welcher Graphikmodus verwendet werden sollten.

Syntax:	DetectGraph(Var GraphTreib, GraphModus: Integer)

Beispiel: Das Beispiel setzt die Farben im Textmodus je nach Graphikkarte (EGA, VGA, CGA: farbig / Hercules, MDA: schwarz/weiß).

```
 Program Graph0;
Uses Crt, Graph;

Var GraphDriver : Integer; (* Graphikkarte *)
 GraphMode : Integer; (* Graphikmodus *)
 Back : Integer; (* Hintergrundfarbe *)
 Fore : Integer; (* Vordergrundfarbe *)


Begin

 (* Farben definieren , je nach Graphikkarte *)
 (* Farben definieren , je nach Graphikkarte *)

GraphDriver := Detect;
DetectGraph(GraphDriver, GraphMode);
```

```
Case GraphDriver of
-2,2,5,7: Begin {* Monochrom *}
Fore := 7; Back := 0;
End;
1,3,4,9: Begin {* Farbig *}
Fore := 6; Back := 1;
End;

Else Begin
Fore:= 7; Back := 0;
End; {* Else Begin *}
End; {* Case *}

Textbackground(Fore); Textcolor(Back);
ClrScr;
GotoXY(20,8);
Writeln(' INVERS-SCHRIFT !! ');
GotoXY(20,10);
Writeln(' INVERS-SCHRIFT !! ');
GotoXY(20,12);
Writeln(' INVERS-SCHRIFT !! ');
Delay(3600);
End.
```

Eof-Funktion

Prüft, ob das Dateiende erreicht ist. Dies ist normalerweise der Fall, wenn der Positionszeiger hinter dem letzten Byte der Datei steht oder die Dateigröße 0 Bytes beträgt.

Syntax:	Eof(fil) (fil: Datei, Ergebnis: Boolean)

Beispiel:

```
Program CodeFile;
Const Bufsize = 2048; {* Puffergröße *}
Var Source, Dest: File; {* Quelldatei/Zieldatei *}
 Count : Integer; {* Zaehler *}
 Buffer : Array [1..Bufsize] of Char; {* Lese/Schreib-Puffer *}
 I : Integer;
```

```
Begin
 Assign (Source, Paramstr(1));
 Assign (Dest, Paramstr(2));
 Reset(Source, 1); {* Recordgröße auf 1 Byte setzen *}
 Rewrite(Dest, 1); {* und Dateien eröffnen. *}

 Repeat
   BlockRead (Source, Buffer, Bufsize, Count); {* Datei lesen *}
   For I:=1 To BufSize Do
     Buffer[I] := Chr(255 - Ord(Buffer[I]));
   BlockWrite(Dest , Buffer, Count); {* " schreiben *}
 Until EOF(Source);
 Close(Source);
 Close(Dest);
End. {* Programm CodeFile *}
```

FindFirst-Prozedur / FindNext-Prozedur

Sucht ein Verzeichnis nach dem ersten Vorkommen eines Datei-, Verzeichnis-
oder Label-Eintrags ab.

Syntax:	FindFirst(Pfad: String; Attrib: Byte; Var S: Searchrec)

Erklärungen: Die Findfirst-Prozedur ist in Verbindung mit der FindNext-Prozedur wohl eine der mächtigsten systemnahen Prozeduren unter Turbopascal. Ganze Verzeichnisinhalte können so abgesucht und ausgegeben werden.

In der obigen Syntaxangabe bedeutet **Pfad** den zu suchenden Dateinamen (z. Bsp. *.*) und kann optional eine Laufwerksbezeichnung und einen Suchweg enthalten. Falls "Pfad" nur eine Dateibezeichnung enthält, benutzt FindFirst das aktuelle Verzeichnis.

Attrib grenzt die Attribute des zu suchenden Objektes ein. Für die Dateiattribute sind die folgenden Konstanten gültig:

ReadOnly :   = $01 (01 hexadezimal, 01 dezimal)

Hidden :   = $02

SysFile :   = $04

VolumeId :   = $08

Directory: = $10 (10 hexadezimal, 16 dezimal)

Archive :   = $20 (20 hexadezimal, 32 dezimal)

Wie man leicht erkennt, ergibt jede Attributkombination einen eindeutigen Zahlenwert. So erhält ein Hidden-Directory den Wert $12 (12 hexadezimal, 18 dezimal) oder eine ReadOnly+Hidden-Datei den Wert $03. Eine Kombination aller Attribute ergibt den Wert $3F. Falls dieser Suchwert vorgegeben wird, werden alle Einträge im jeweiligen Directory gefunden. Als Attributwerte können übrigens nicht nur die jeweiligen Zahlen, sondern auch die "Worte" übergeben werden. Anstelle einer Zahl 3 ist es möglich, nach der Attributkombination "ReadOnly + Hidden" zu suchen.

Als dritten (nicht initialisierten) Parameter erwartet Findfirst den Parametertyp **SearchRec**. Er liefert die Suchergebnisse in seinen Feldern zurück. Der Parametertyp SearchRec ist im Unit DOS definiert:

```
Type
 Searchrec = Record
   Fill: Array[1..21] Of Byte;
   Attr: Byte;
   Time: Longint;
   Size: Longint;
   Name: String[12];
 End;
```

Das Feld "Attr" enthält die Attribute der Datei, "Time" das Datum und die Uhrzeit der Erstellung (codiert). Um die Zeit und das Datum der Erstellung zu erhalten, muß hier noch die Prozedur "Unpacktime" angewendet werden. "Size" gibt die Größe der Datei in Bytes an, "Name" den Namen. Das Feld "Fill" wird von DOS zur Speicherung interner Daten verwendet - der Inhalt dieses Feldes wird nicht benötigt.

Falls Fehler bei der Ausführung von Findfirst auftreten, wird die globale Variable *DosError* gesetzt. Mögliche Codes sind meist 0 (fehlerfrei) oder 18 (keine weiteren Einträge gefunden).

Findnext setzt eine mit Findfirst begonnene Suche fort.

Syntax:	**Findnext(Var S: Searchrec)**

Beispiel:

```
Program FindTxt;
Uses DOS;
Var S: SearchRec;
Begin
 FindFirst('*.TX?', $27, S); {* Nur Dateien mit Attrib RASH *}
 While (DosError = 0) Do Begin
   Writeln(S.Name, ' ', S.Size);
    FindNext(S);
 End; {* While *}
End. {* Program *}
```

GetFAttr-Prozedur

Liefert die Attribute einer Datei. (ReadOnly, Hidden, SysFile, Archive, Directory, VolId)

Syntax:	**GetFAttr(Var fil; Var Attrib: Word);**

Beispiel:

```
Program GetAttr;
Uses DOS;
Var fil : File;
 Attr : Word;
Begin
 Assign(fil, ParamStr(1));
 GetFAttr(fil, Attr);
 Writeln('Datei: ', ParamStr(1));
```

```
Write ('Attribut: ');
If (Attr And ReadOnly <> 0) Then Write('R')
Else Write('.');
If (Attr And Hidden <> 0) Then Write('H')
Else Write('.');
If (Attr And SysFile <> 0) Then Write('S')
Else Write('.');
If (Attr And VolumeId) <> 0) Then Write('V')
Else Write('.');
If (Attr And Directory) <> 0) Then Write('D')
Else Write('.');
If (Attr And Archive) <> 0) Then Write('A')
Else Write('.');
End.
```

GetIntVec-Prozedur

Ermittelt den Inhalt eines Interrupt-Vektors.

Syntax:	GetIntVec(IntNo: Byte; Var OldVector: Pointer);

Erklärungen: IntNo enthält die Nummer des zu ermittelnden Interrupt-Vektors; dessen Inhalt wird anschließend in OldVector gespeichert. Oft wird diese Prozedur gebraucht, um den Inhalt eines Interrupt-Vektors vor dessen "Umbiegen" zu retten, so daß der alte Inhalt am Schluß des Programmes restauriert werden kann. Falls der ursprüngliche Inhalt eines Vektors am Programmende nicht wieder aktiv wird, kann dies zu einem unangenehmen Systemabsturz oder scheinbar unerklärlichem Verhalten des Rechners führen. Ein Beispielprogramm für das Retten und Setzen des TimerInterrupt-Vektors ist "FCD".

Beispielaufruf:

```
GetIntVec($1C,OldVector);
SetIntVec($1C,@TimerInt);
```

Mit @TimerInt ist die Adresse einer selbst geschriebenen Prozedur gemeint, die den TimerInterruptVektor benützt, um 18.206 x pro Sekunde aufgerufen zu werden.

Das folgende kurze TSR-Programm demonstriert den Umgang mit dem "GetIntVec"- und dem "SetIntVec"-Befehl. Die Aufgabe des Programmes besteht darin, mit einer Tastenkombination sämtliche Drucker des PC's zu deaktivieren. Mit derselben Tastenkombination können die Drucker wieder aktiviert werden. (<CTRL-ALT-ShiftLinks>) Dies kann zu Datenschutzzwecken ganz nützlich sein. Stellen Sie sich z. B. ein PC-System vor, bei dem die Diskettenlaufwerke abschließbar sind. Die einzige Möglichkeit, um Daten zu stehlen besteht nun darin, diese auszudrucken. Die vorliegende kurze Utility verhindert dies. Um das Programm ganz zu verstehen, werden Sie entsprechende Fachliteratur über TSR-Programmierung konsultieren müssen. (6)

Die Funktionweise des Programmes soll jedoch auch hier kurz besprochen werden. An den Speicherstellen 040h:08h, 040h:0Ah, 040h:0Ch und 040h:0Eh befinden sich 4 Words, die die Basisadressen der (maximal) vier Drucker eines PC-Systems enthalten. Da allerdings kaum ein PC über vier Drucker verfügt, enthalten die nicht benützten Words den Wert "0". Um nun die Druckerdaten "ins Leere" zu senden, können einfach alle 4 Words für die Drucker LPT1: bis LPT4: auf Null gesetzt werden. Dann hat das System keinen Drucker mehr! Ein Schönheitsfehler muß allerdings noch beseitigt werden. An der Adresse 040h:10h/11h befindet sich die Information über die Systemkonfiguration. Dabei stehen das Bit 6 und 7 der Speicherzelle $40:$11 für die Anzahl der Drucker des Systems. Die beiden Bits müssen auf logisch Null gesetzt werden (analog zum NumOn/NumOff-Programm auf S. 25).

Damit ist aber erst gezeigt, wie die Drucker auf "OffLine" gestellt werden. Das Umgekehrte wird dadurch erreicht, daß zu Programmbeginn die Werte der alten Speicherstellen gerettet werden. Mit der Prozedur "OnLine" können sie dann wieder aktiviert werden. Zum Setzen der entsprechenden Speicherstellen werden die Arrays "Mem" und "Memw" benützt.

Damit das Programm ein TSR-Programm wird, wird nun noch die Programmprozedur NEW_INT benötigt, die den alten Tastaturinterrupt $09 ersetzt. Diese ruft zuerst den alten Interrupt $09 auf, der zu Programmbeginn mit GetIntVec gesichert wurde. Dies ist unbedingt notwendig, da das System ansonsten sofort abstürzt. Jeder normale Tastendruck, der das TSR-Programm nicht aktiviert, muß schließlich auch noch durchgeführt werden können. Im übrigen könnten ja auch noch andere TSR-Programme installiert sein, die den Interrupt 09h belegen, und diese sollten auch zu gegebener Zeit ausgeführt werden.

Um das Programm zu aktivieren, wird noch ein "HotKey" benötigt, der im gegebenen Falle in Funktion tritt. Dies wird mit der Programmzeile

```
"IF ((MEM[$40:$17] AND 14)=14) THEN BEGIN ..."
```

erreicht. Wenn diese Bedingung eintritt, wurde die oben erwähnte Tastenkombination <CTRL-ALT-ShiftLinks> gedrückt. (2, Seiten 512 und 513: Tastaturstatusbyte)

Der "Hotkey" könnte natürlich auch eine kompliziertere Tastenkombination sein, wie z. B. <CTRL-ALT-ShiftLinks-F9>. Mit einer PORT-Anweisung kann dies erreicht werden "... AND (PORT[$60]:=67)"

Zu Beginn des Programmes wird der alte Interrupt 09h mit der Anweisung "GetIntVec(9, @OLD_INT)" gesichert. Anschließend wird die eigene Prozedur "New_Int" mit der Anweisung "SetIntVec(9, @NEW_INT)" darauf gesetzt. Die Werte der Druckerspeicherstellen werden gesichert und danach das Programm resident im Speicher behalten. Falls nun der "HotKey" betätigt wird, aktiviert das Programm die Prozedur "OnLine". Beim nächsten Drücken des "HotKey" wird die Prozedur "OffLine" ausgeführt. Falls Sie die Utility "SI" von Peter Norton besitzen, können Sie verfolgen, wie bei jedem Drücken der "HotKey"-Tastenkombination die Anzahl der parallelen Schnittstellen von 0 auf xx wechselt oder umgekehrt ...

```
{*******************************************************************}
{* P R I N T O                                                    *}
{*--------------------------------------------------------------- *}
{* Aufgabe : PRINTO sperrt den Druckerzugriff, falls dies         *}
{* gewünscht wird.                                                *}
{*                                                                *}
{*--------------------------------------------------------------- *}
{* Autor : GEORG FISCHER                                          *}
{*                                                                *}
{*                                                                *}
{* entwickelt am : 07.09.1991                                     *}
{* letztes Update : 07.09.1991                                    *}
{*                                                                *}
{*******************************************************************}


PROGRAM PRINTO;
{$M 1024, 0, 0}
USES DOS;
```

```pascal
VAR OLD_INT: PROCEDURE; {* ALTER TASTATURINTERRUPT *}
 FIRST : BOOLEAN; {* ZUERST AUSSCHALTEN ? *}
 CHANGE : BOOLEAN; {* ZUSTAND WECHSELN ? *}
 S, I : WORD; {* ALTE SPEICHERZELLE / ZAEHLER *}
 W : ARRAY[1..4] OF WORD; {* LPTx - SPEICHERZELLEN *}

{* STELLT DIE DRUCKMOEGLICHKEIT AB *}

PROCEDURE OFFLINE;
BEGIN

 {* ANZAHL DRUCKER = 0 *}

 MEM[$40:$11]:=MEM[$40:$11] AND 191; {* 255 - 64, 64 = 26 *}
 MEM[$40:$11]:=MEM[$40:$11] AND 127;

 {* DRUCKADRESSEN LOESCHEN *}

 FOR I:=1 TO 4 DO BEGIN
   MEMW[$40:(I+3)*2]:=0;
 END; {* FOR *}
END; {* PROCEDURE OFFLINE *}

{* DRUCKADRESSE WIEDER AKTIVIEREN *}
{* DRUCKADRESSE WIEDER AKTIVIEREN *}

PROCEDURE ONLINE;
BEGIN
 MEM[$40:$11]:=S;
 FOR I:= 1 TO 4 DO BEGIN

 {* DRUCKADRESSE ZURUECK *}

   MEMW[$40:(I+3)*2]:=W[I];
 END; {* FOR *}
END; {* PROCEDURE ONLIMNE *}

{* TOGGELT ZWISCHEN ONLINE UND OFFLINE *}
{* TOGGELT ZWISCHEN ONLINE UND OFFLINE *}

PROCEDURE NEW_INT;
INTERRUPT;
```

```
BEGIN
 INLINE($9C); OLD_INT;

 {* FALLS HOTKEY, DANN WECHSLE DRUCKERSTATUS *}

 IF ((MEM[$40:$17] AND 14)=14) OR FIRST THEN BEGIN
 FIRST:=FALSE;
 IF (CHANGE) THEN BEGIN
 OFFLINE; CHANGE:=FALSE;
 END
 ELSE BEGIN
 ONLINE; CHANGE:=TRUE;
 END; {* IF (FIRST *}
 END; {* IF ((MEM[$40 .. *}
END; {* PROCEDURE NEW_INT *}

{********}
{* MAIN *}
{* MAIN *}
{********}

BEGIN
 FIRST:=TRUE; CHANGE:=TRUE;
 GETINTVEC(9,@OLD_INT); SETINTVEC(9,@NEW_INT);

 {* SPEICHERZELLEN RETTEN *}
 {* SPEICHERZELLEN RETTEN *}

 S:=MEM[$40:$11];
 FOR I:=1 TO 4 DO BEGIN
 W[I]:=MEMW[$40:(I+3)*2];
 END;

 {* RESIDENT INSTALLIEREN *}

 WRITELN; WRITELN('Installiert'); KEEP(0);
END.
```

IOResult-Funktion

Liefert den Fehlerstatus der letzten Ein-/Ausgabeoperation.

Syntax:	IOResult

Erklärung: Im Modus {$I+} wird jede Ein-/Ausgabeoperation auf auftretende Fehler überprüft. Im Falle eines Fehlers wird das Programm mit einer Fehlermeldung abgebrochen. Im Modus {$I-} wird keine automatische Fehlerprüfung vorgenommen. Der Programmierer kann und muß hier mögliche Fehler mit dem Aufruf von IOResult selbst überprüfen. Falls "IOResult" den Wert '0' zurückliefert, liegt kein Fehler vor.

Beispiel:

```
Program Ass_IO;
Var fil: Text;

Begin
 Assign(fil,'LPT1'); {* LPT1: Erster Drucker an par. Schnittst.*}
 {$I-}
 Rewrite(fil);
 Writeln(fil,'Ich drucke Ihre Daten ...');
 Close(fil);
 {$I+}
 If (IOResult <> O) Then Writeln(' Drucker nicht bereit ...');
End.
```

Mem-Array

Ermöglicht direkte Zugriffe auf Speicher-Adressen. Dabei werden Segment- und Offsetanteil der Adressen hexadezimal angegeben. Der Befehl "Mem[$40:$18]:=9" setzt die Speicherzelle mit der angegebenen Adresse auf den Wert 9. Vorsicht: Bei unsachgemäßer Bedienung des Befehls können Speicherbereiche überschrieben und der Rechner damit zum Absturz gebracht werden. Es gibt aber auch viele positive Anwendungen, bei denen gezielt ein Byte des Speichers verändert werden kann.

Beispiel: Bei der Speicheradresse "1047" (dezimal) befindet sich bei Bit 5 die Kennzeichnung, ob die NumLock-Taste eingeschaltet ist oder nicht. Mit den folgenden kurzen Programmen kann daher die Num-Lock-Taste eingeschaltet bzw. ausgeschaltet werden:

```
Program Numon;
Begin
 Mem[$40:$17] := Mem[$40:$17] OR 32;
End.


Program Numoff;
Begin
 Mem[$40:$17] := Mem[$40:$17] AND 223; {* 255 - 32 *}
End.
```

Erklärung: Häufig werden Statusmeldungen des Systems anhand eines einzelnen Bits dargestellt, in unserem Falle mit Bit 5 der Speicherzelle "1047". Auf den ersten Blick scheint es gar nicht so einfach, mit diesem Wissen ein kurzes Programm zu schreiben, das das richtige Bit setzt oder löscht. Der Kniff sind die logischen Funktionen "Und" und "Oder", die auf das Byte an der gewünschten Speicheradresse angewendet werden. Die Zahl 32 ist nichts anderes als 25, das bedeutet aber, daß das 5. Bit verändert wird. (zu logisch 1 hin bei der "Oder"-Funktion, zu logisch Null bei der "Und"-Verknüpfung). Die Speicheradresse 1047 entspricht aber der Zahl 417 hex. Bei der Aufteilung in Offset und Segment entsteht dabei die Angabe 40h:17h , die im Programm als Notation verwendet wird.

Analog könnten die CapsLock-Taste und die ScrollLock-Taste gesetzt werden. (Bit 6 und 4 an derselben Adresse)

Was kann es nun für einen praktischen Nutzen bringen, die Tasten mit dem Programm ein- und auschalten zu können? Viele PC's schalten beim Systemstart die NumLock-Taste ein, damit sind aber die Pfeiltasten auf dem Cursorblock nicht benützbar. Als erstes müßte dann immer die NumLock-Taste ausgeschaltet werden. Um das zu umgehen, kann das Programm "NumOff" in die Datei "Autoexec.bat" eingebunden werden.

MemW-Array

Er wird auf die gleiche Art und Weise benützt wie Mem, aber es werden 2 Bytes auf einmal übergeben. MemW arbeitet also im "Wortformat". Der Befehl

```
Wert := MemW[Prefixseg:$2C]
```

liest die ersten beiden Bytes an der entsprechenden Stelle (Offset 44) des Programmsegmentpräfix des aktuell laufenden Programms. Genau an dieser Stelle befindet sich aber die Adresse der lokalen Umgebung des laufenden Programms. (Utility EDPA/5, S. 169)

MkDir-Prozedur

Erzeugt ein Unterverzeichnis.

Syntax:	MkDir(S: String)

Beispiel:

```
Program MD0;
Begin
 {$I-} MkDir(ParamStr(1)); {$I+}
 If (IOResult <> 0) Then
 Writeln('Directory konnte nicht erzeugt werden !')
 Else
 Writeln('Ok.');
End.
```

Random-Funktion

Liefert eine Zufallszahl. Der Startwert des Generators ist in einer globalen LongInt-Variablen namens *RandSeed* gespeichert - durch direkte Zuweisungen an diese Variable läßt sich eine Folge von Zufallszahlen beliebig oft wiederholen, was den Zufallsgenerator für Verschlüsselungsprogramme geeignet macht. Der Anfangswert der Zufallszahlen kann Passwortabhängig vorgegeben werden.

Syntax:	Random(Range: Word)

Beispiel:

```
Program Bunt;
Uses Crt;
```

```
Var Code : Integer;
Begin
 Val(ParamStr(1), Randseed, Code);
 Repeat
   TextBackground(Random(16));
   TextColor(Random(16));
   Write('+'); Delay(2);
 Until Keypressed;
End.
```

RmDir-Prozedur

Löscht ein leeres Unterverzeichnis.

Syntax:	RmDir(S: String)

Beispiel:

```
Program RDO;
Begin
 {$I-}
 RmDir(ParamStr(1));
 {$I+}
 If (IOResult = 0) Then Writeln('Ok.')
 Else Writeln('Geht nicht !');
End.
```

SetFAttr-Prozedur

Setzt die Attribute einer Datei.

Syntax:	SetFAttr(Var f, Var Attr: Word);

Beispiel:

```
Program Hide;
Uses DOS;
Var fil:File;
 Attr :Word;
Begin
 Assign(fil, ParamStr(1));
```

```
{$I-}
SetFAttr(fil, $02); {* Hidden *}
{$I+}
If (DosError = 0) Then Begin
  Write ('Datei: ', ParamStr(1));
  Writeln(' wurde versteckt. ');
End
Else Writeln(' Hat nicht funktioniert.');
End.
```

SetFTime-Prozedur

Setzt Datum und Uhrzeit einer Datei. Die übergebene Zeit und das Datum müssen zuerst in eine Variable "Time" des Typs "LongInt" gepackt werden.

Syntax:	SetFTime(Var f, Time: Longint)

Beispiel:

```
Programm "New" der vorliegenden Utility-Sammlung.
```

SetIntVec-Prozedur

Setzt einen bestimmten Interrupt-Vektor des Systems auf die Adresse einer selbst geschriebenen Prozedur (oder zurück auf einen Systemwert)

Syntax:	SetIntVec(IntNo: Byte; Var NewVector: Pointer);

Erklärung: IntNo enthält die Nummer des zu setzenden Interrupt-Vektors. Dieser wird anschließend auf die durch NewVector festgelegte Adresse gesetzt. Der Hauptzweck von SetIntVec besteht darin, einen Interrupt-Vektor vorübergehend umzuleiten. Anschließend sollte der alte Wert zurückgesetzt werden, um einen Systemabsturz zu vermeiden. Ein Beispiel für das Setzen eines Interrupt-Vektors ist das Programm FCD.

Beispielaufruf:

```
GetIntVec($1C,OldVector);
SetIntVec($1C,@TimerInt);
```

3 Rekursion als Hilfsmittel

Ein Objekt wird als rekursiv bezeichnet, wenn es sich teilweise selbst enthält. Eine Definition ist dann rekursiv, wenn das zu definierende Element teilweise durch sich selbst definiert ist. In der Mathematik wird diese Art der Definition gelegentlich bei Funktionen verwendet; so wird die Funktion $y = n!$ etwa folgendermaßen definiert:

$$n! = \begin{cases} 1 \ falls \ n=1 & (n \geq 1) \\ n*(n-1)! \ falls \ n > 1 \end{cases}$$

Rekursive Definitionen sind in vielen Fällen kürzer und auch einfacher zu verstehen als nichtrekursive (iterative). Wenn man die obige Definition von $n!$ zur Definition einer Programmfunktion (in Pascal) benützt, so lautet diese wie folgt:

```
Program Fakul;
  Var Y: LongInt;

  Function Fak(N: LongInt): LongInt;
  Begin
    If (N=1) Then Fak := 1
    Else Fak := N*Fak(N-1);
  End;

  Begin
    Y := 0;
    Y := Fak(9);
    Writeln(Y);
  End.
```

Das verwendete Beispiel berechnet 9!. Dabei tritt der Aufruf der Funktion *Fak* in der Definition der Funktion selbst auf. Die Funktion ruft sich selbst so oft auf, bis das Abbruchkriterium *Fak(1) = 1* eintritt.

Ganz allgemein ist die Rekursion eine Möglichkeit, um durch eine endliche Vorschrift unendlich viele Objekte zu definieren.

Die Alternative zur Rekursion ist die Iteration. Auch bei ihr wird ein Abbruchkriterium benötigt. Die iterative Definition von *n!* wäre

$$n! \; = \; 1 \cdot 2 \cdot 3 \cdot 4 \cdot \ldots \cdot n$$

Die iterative Definition von *n!* verdeutlicht den programmiertechnischen Unterschied zwischen einer Rekursion und einer Iteration: Die Iteration benötigt eine Schleife, die Rekursion eine sich selbst aufrufende Funktion oder Prozedur.

Computer sind wegen ihrer Eigenschaft, Vorgänge schnell und mit hoher Zuverlässigkeit ausführen zu können, sowohl für Iterationen als auch für Rekursionen sehr geeignet. Iterationen lassen sich durch Schleifen mit "For-, Repeat-" und "While"-Anweisungen in Turbopascal leicht durchführen. Wenn man dann auf Rekursionen zugreifen will, bieten sich die Funktionen und Prozeduren dazu an. Eine Prozedur ermöglicht es, mehrere Anweisungen mit einem Namen zu versehen, durch den sie dann sich selbst aufrufen kann.

Als weiteres Beispiel diene eine Funktion zur Berechnung der Binomialkoeffizienten:

$$\begin{bmatrix} n \\ k \end{bmatrix} = \begin{bmatrix} n \\ k-1 \end{bmatrix} * \frac{n-k+1}{k} \quad \text{(Rekursive Definition)} \quad \begin{bmatrix} n \\ 0 \end{bmatrix} = 1$$

```
Function Binom(N, K:Integer):Integer;
  Begin
    If (K > 0) Then
      Binom := Binom(N,K-1)*(N-K+1)/K
    Else
      Binom := 1;
  End;
```

Wenn eine Funktion wie Binom sich selbst direkt aufruft, spricht man von einer *direkten Rekursion*. Andernfalls, wenn sich verschiedene Prozeduren gegenseitig aufrufen, spricht man von einer *indirekten Rekursion*.

Theoretisch gesehen sind Iterationen und Rekursionen insofern als gleichwertig zu betrachten, als sie eindeutig aufeinander zurückgeführt werden können.

In der Programmierpraxis können sie aber einen verschieden großen Aufwand bedeuten: Eine Rekursion bedeutet eine Unterbrechung eines vorhergehenden Aufrufes; die Variablen müssen festgehalten werden bis zur Fortsetzung des Programms. Das kostet Speicherplatz und Zeit.

Falls für eine Problemlösung einfache rekursive und iterative Lösungen vorhanden sind, sollte also die iterative Lösung bevorzugt werden. Nun gibt es aber Probleme, die von sich aus rekursiver Natur sind. Dafür dann eine iterative Lösung zu finden, kann sehr schwierig werden.

Im folgenden betrachten wir ein solches typisch rekursives Problem: Unter MS-DOS soll eine Datei auf einem Laufwerk in sämtlichen Verzeichnissen gesucht werden. Da die Verzeichnisse eine Baumstruktur aufweisen und jedes Verzeichnis durchsucht werden muß, läßt sich eine rekursive Lösung schnell finden:

Vereinfachtes Lösungsschema:

Beginne mit Wurzelverzeichnis.

Dateisuche.

(1) Schleife: Solange gesuchte Dateien gefunden werden,
    (2) Suche Datei(en) im akt. Verzeichnis.

    (3) Falls gefunden, gib Suchpfad+Name an.
(4) Schleifenende.
(5) Schleife: Solange Verzeichnisse gefunden werden,
    (6) Suche nächsthöheres Verzeichnis.
    (7) Dateisuche.
    (8) Rückkehr ins akt. Verzeichnis.
(9) Schleifenende.

Wenn bei dieser Suche im Wurzelverzeichnis einer Disk begonnen wird, läßt sich schließlich die gesuchte Datei finden.

Das folgende Programm führt genau diese Aufgabe durch. Der rekursive Teil
befindet sich in der Prozedur *FF*, der als Parameter an das aktuelle Verzeichnis (mit Pfad) übergeben wird:

```
Program FF0;

Uses Dos, Crt;
Var Zaehler: Integer;
Lw : String[2];

  Procedure FF(Pfad : String);

  Var S : SearchRec;

  Begin

    FindFirst(Pfad+ParamStr(1),$27,S);

    While (DosError = 0) Do Begin
      Writeln(Chr(10)+Chr(13),' ',Pfad);
      Writeln(' ',S.Name,' ',S.Size);
      Zaehler := Zaehler +1;
      Findnext(S);
  End;

  FindFirst(Pfad+'*.*',$37,S);

  While (DosError = 0) Do Begin
    If (S.Attr And $10 = $10) And (S.Name <> '.') And
    (S.Name <> '..') Then
      FF(Pfad+S.Name+'\');
      FindNext(S);
    End; (* While *)
  End; (* Prozedur FF *)


  Begin
    Zaehler:= 0;
    GetDir(0,Lw);
    FF(Upcase(Lw[1])+':\');
    Writeln(Zaehler,' Datei(en) gefunden');
  End.
```

Syntax:	FF0 Datei.Ext oder FF0 Datei.* oder FF0 *.Ext

Ein Aufruf wie FF0 *.* ist sinnlos, es sei denn, man wollte sich alle Dateien der Festplatte zeigen lassen.

Das Programm beginnt mit seiner Suche im Wurzelverzeichnis, arbeitet sich durch jedes Unterverzeichnis und kehrt schließlich zum Ausgangspunkt zurück. Diese Rekursion wird im ganzen Buch benützt werden; daher ist es wichtig, das angegebene Beispiel ganz zu verstehen.

Bei der Ausgabe des Suchpfades wird zuerst ein "CarriageReturn" und ein "Linefeed" geschrieben (ASCII 10 + 13), damit die Ausgabe auf einer neuen Zeile beginnt. Bei der Suche nach allen Verzeichnissen in der zweiten Schleife des Programms muß beachtet werden, daß auch die Verzeichnisse Attribute (wie "ReadOnly" oder "Hidden") haben können. Deshalb die Suche mit dem Attribut $37. Da nur die Verzeichnisse und nicht alle Dateien mit der angegebenen Attributkombination gefunden werden sollen, folgt die Einschränkung "*S.Attr And $10 = $10*". Damit wird nur das Bit für die Verzeichniskennung im Attributbyte geprüft. Außerdem sollen nur die echten Unterverzeichnisse eines Verzeichnisses berücksichtigt werden, deshalb werden die Namen '.' und '..' ausgeschlossen. Überprüfen Sie selbst die Bedeutung der beiden Verzeichnisse, die Sie unter DOS in jedem beliebigen Unterverzeichnis finden können!

4 Utilities

4.1 Grundlagen - ein Beispiel (Dattim)

Thematik des Utilities

Seit Jahren wird MS-DOS mit den zwei Befehlen "Date" bzw. "Time" ausgeliefert. Dabei wird bei jeder Abfrage der Uhrzeit die Frage gestellt, ob sie geändert werden soll. Genauso verhält es sich mit dem Systemdatum. Viele PC-
Benützer möchten jedoch nur die Zeit und das Datum wissen/benützen, ohne
jedes Mal eine Frage beantworten zu müssen. Sie empfinden es außerdem als
störend, daß es notwendig ist, für Datum und Zeit zwei Befehle aufzurufen.
Auf dem Software-Markt gibt es daher ein großes Angebot an speicherresidenten Programmen, die Datum und Zeit in einer Bildschirmecke dauernd anzeigen. Eine andere Lösung besteht darin, sich die Systemzeit mit dem
"Prompt $d $t"-Befehl anzeigen zu lassen.

Das vorliegende Programm "Dattim" ist ein Beispiel, wie man unter Turbopascal auf die eingebauten Systemfunktionen zugreift, um die Lösung eines
einfachen Problems zu realisieren.

Aufruf des Programms:

Dattim (ohne Parameter)

Ziel/Zweck des Programms:

Zeigt die aktuelle Uhrzeit und das Datum an.

```
┌─────────────────────────────────────────────────────┐
│  Version 3.0   (C) 1990-91   G. Fischer               │
│                                                       │
│  Heute ist SAMSTAG    , der 13.04.1991                │
│  Die Zeit : 13:37.39 Uhr                              │
└─────────────────────────────────────────────────────┘
```

Abb. 1 : Bildschirmausgabe von Dattim

Funktions-Schema:
Dattim arbeitet nach folgendem Schema: ▸ Hole Datum und Uhrzeit vom System ▸ Falls Hilfe angefordert wird, Ausgabe eines Hilfstextes. ▸ Konversion des Datums/der Zeit in String-Variablen best. Länge. ▸ Wochentag konvertieren von Zahl zu String. (Bsp. : "Mittwoch") ▸ Hintergrundfarbe setzen je nach Graphikkarte ▸ Ausgabe der Ergebnisse

Dattim ist ein kurzes, sequentiell aufgebautes Programm.

Verwendete DOS-Funktionen/Prozeduren	
▸ Checkbreak:	Ctrl-Break disaktivieren.(CheckBreak:=False;)
▸ ClrScr:	Bildschirm löschen.
▸ DetectGraph:	Graphikkarte bestimmen.
▸ GetDate:	Systemdatum holen.
▸ GetTime:	Systemzeit holen.
▸ GoToXY:	Cursor positionieren an definierte Stelle.
▸ TextBackground, TextColor:	Vorder- und Hintergrundfarbe setzen.
▸ Window:	Bildschirmausschnitt definieren.

Die beiden Prozeduren "GetTime" und "GetDate" setzen die übergebenen Variablen direkt mit den Daten des Betriebssystems.

Verwendete Unterprogramme

Im vorliegenden Programm existieren keine Unterprogramme, da das Programm eine einfache Aufgabe erfüllt.

Hauptprogramm:

Das eigentliche Programm ist sehr kurz und übersichtlich aufgebaut. Nachdem in zwei Zeilen das Systemdatum und die Zeit geholt worden sind, wird geprüft, ob eine Hilfeanforderung im übergebenen Parameter vorliegt. Falls ja, wird eine Hilfezeile ausgegeben und das Programm vorzeitig abgebrochen.

Andernfalls werden die numerischen Zeitwerte in Stringvariablen konvertiert, damit die Ausgabe der Daten in Feldern von konstanten Längen erfolgen kann: Die Ausgabe wird optisch schöner.

Anschließend wird die Art der installierten Graphikarte detektiert und so bestimmt, ob die Ausgabe farbig sein soll oder nicht. Zuletzt werden die Daten an den Bildschirm geschrieben.

Programm-Quellcode:

```
{*****************************************************************}
{*                        D A T T I M                          *}
{*-----------------------------------------------------------*}
{*      Aufgabe   : DATTIM ermittelt das aktuelle Datum sowie die  *}
{*                  Uhrzeit gleichzeitig. Es ist nicht mehr nötig, *}
{*                  zwei Befehle zur Abfrage zu benützen.      *}
{*-----------------------------------------------------------*}
{*      Autor     : Georg Fischer                             *}
{*                                                            *}
{*                                                            *}
{*      entwickelt am : 14.09.1990                            *}
{*      letztes Update : 26.10.1990                           *}
{*                                                            *}
{*      Version 3.0   : 16.11.1990 (farbig)                   *}
{*****************************************************************}


PROGRAM DATTIM;

{$R+}      {Range checking on ###}
{$S+}      {Stack checking on ###}
{$I+}      {I/O checking on ###}
```

```pascal
{$N-}     {No numeric coprocessor ###}
USES DOS, CRT, GRAPH;


VAR  JAHR, MONAT, TAG, WOCHENTAG : WORD; {* SELBSTERKLÄREND    *}
     STUNDE, MINUTE, SEKUNDE,

     HUNDERTSTEL_SEKUNDE        : WORD; {* SELBSTERKLÄREND    *}
     WOCHENTAG1                : STRING[10];
     STUNDE1, MINUTE1, SEKUNDE1 : STRING[2];  {* SPEZIALFORMAT
                                                 FUR ZEIT *}
     TAG1, MONAT1              : STRING[2];  {* SPEZIALFORMAT
                                                 FUR DATUM *}
     I, J, K                  : INTEGER;   {* ZÄHLVARIABLEN *}
     STATUS                   : STRING[10];
     FORE, BACK               : INTEGER;   {* VORDERGRUND,  *}
                                           {* HINTERGRUND   *}
     GRAPHDRIVER, GRAPHMODE   : INTEGER;   {* GRAPHIKKARTE /*}
                                           {*     MODE      *}


BEGIN

  CHECKBREAK := FALSE;
  GETDATE(JAHR, MONAT, TAG, WOCHENTAG);            {* DATUM HOLEN *}
  GETTIME(STUNDE, MINUTE, SEKUNDE, HUNDERTSTEL_SEKUNDE); {* ZEIT
                                                    HOLEN *}

  STATUS:=' ';
  STATUS:=PARAMSTR(1);

  {* FALLS ? EINGEGEBEN: HILFE *}
  {* FALLS ? EINGEGEBEN: HILFE *}

  IF (STATUS[1] = '?') THEN BEGIN
     WRITELN('AUFRUF: DATTIM');
     HALT(0);
  END;

  {* CONVERSION INTO STRING *}
  {* CONVERSION INTO STRING *}

  I:= STUNDE;
  J:= MINUTE;
```

```pascal
K:= SEKUNDE;

IF (I < 10) THEN  STUNDE1   :=CONCAT('0',CHR(I+48))
            ELSE  STR(I:2,STUNDE1);
IF (J < 10) THEN  MINUTE1   :=CONCAT('0',CHR(J+48))
            ELSE  STR(J:2,MINUTE1);
IF (K < 10) THEN  SEKUNDE1  :=CONCAT('0',CHR(K+48))
            ELSE  STR(K:2,SEKUNDE1);

I:=TAG;
J:= MONAT;

IF (I < 10) THEN  TAG1    :=CONCAT('0',CHR(I+48))
            ELSE  STR(I:2,TAG1);
IF (J < 10) THEN  MONAT1  :=CONCAT('0',CHR(J+48))
            ELSE  STR(J:2,MONAT1);

{* WOCHENTAG FESTLEGEN *}
{* WOCHENTAG FESTLEGEN *}

CASE WOCHENTAG OF
0: WOCHENTAG1:='SONNTAG';
1: WOCHENTAG1:='MONTAG';
2: WOCHENTAG1:='DIENSTAG';
3: WOCHENTAG1:='MITTWOCH';
4: WOCHENTAG1:='DONNERSTAG';
5: WOCHENTAG1:='FREITAG';
6: WOCHENTAG1:='SAMSTAG';
END;

WOCHENTAG1 := WOCHENTAG1 + '      ';

CLRSCR;

{* JE NACH GRAPHIKKARTE DIE FARBEN SETZEN *}
{* JE NACH GRAPHIKKARTE DIE FARBEN SETZEN *}

GRAPHDRIVER := DETECT;
DETECTGRAPH(GRAPHDRIVER, GRAPHMODE);

CASE GRAPHDRIVER OF
  -2,2,5,7: BEGIN
              FORE := 15;  BACK := 0;
            END;
```

```
    1,3,4,9: BEGIN
              FORE := 14; BACK := 1;
            END;

  ELSE BEGIN
    FORE:= 15; BACK := 0;
  END; {* ELSE BEGIN *}
END; {* CASE *}

{* ERGEBNIS HINSCHREIBEN *}
{* ERGEBNIS HINSCHREIBEN *}

TEXTBACKGROUND(BACK); TEXTCOLOR(FORE);
WINDOW(1,3,56,9);    {* RAHMEN NICHT MEHR VERÄNDERN *}

WRITELN(' ┌──────────────────────────────────┐ ');
WRITELN('│ Version 3.0  (C) 1990-91  G. Fischer        │');
WRITELN('│                                  │');
WRITE   ('│ Heute ist ',WOCHENTAG1,', der ',TAG1,'.', MONAT1,
                                    '.',JAHR,'        ');
WRITELN('    │');
WRITE   ('│ Die Zeit : ',STUNDE1,':',MINUTE1,'.',SEKUNDE1,
' Uhr           ');
WRITELN('           │');
WRITELN(' └──────────────────────────────────┘ ');
WINDOW(1,1,80,25);
TEXTCOLOR(7); TEXTBACKGROUND(0);
GOTOXY(1,11);

END.
```

4.2 Verwaltung von Verzeichnissen

Dirp: Ein selbstgeschriebener DIR-Befehl

Der Directory-Befehl ist einer der am meisten verwendeten Befehle unter MS-DOS. Er wird von vielen Benützern täglich gebraucht - und einige Anwender haben sich sicher schon darüber geärgert, daß viele Informationen, die MS-DOS zur Verfügung stellt, nicht angezeigt werden. Im folgenden wollen wir uns kurz eine Liste der Hauptpunkte ansehen, die der Befehl den DOS-Benützern bis zur Version 3.3 vorenthält.

a)　Die Dateizeit wird nur auf die Minute genau angegeben. Dabei nützen gerade Viren den Sekundenanteil der Zeitangabe aus, um erkennen zu können, ob eine Datei schon infiziert ist. Der Sekundenanteil wird dann auf einen unmöglichen Wert gesetzt, zum Beispiel 62. (DOS62-Virus)

b)　Das Disk-Kennzeichen wird nicht mit Datum und Uhrzeit ausgegeben, obwohl gerade diese Zeit oft Auskunft über das Diskettenalter geben könnte. Das Label wird nämlich meist unmittelbar nach dem Formatieren eines Datenträgers angebracht.

c)　Die Datei-Attribute fehlen. Oft ist es mehr als nur informativ zu wissen, daß eine Datei ein ReadOnly-Attribut hat. Der Anwender bemerkt dies oft erst dann, wenn er versucht, diese Datei zu löschen.

d)　Versteckte Dateien und Systemdateien werden nicht angezeigt. Dabei legen gerade Viren versteckte Dateien an und es wäre daher interessant zu wissen, wo und wieviele versteckte Dateien in einem Verzeichnis sind.

e)　Am Schluß des Befehls wird immer die noch freie Speicherkapazität des Laufwerks ausgegeben. Wieviel Platz aber die Dateien des jeweiligen Verzeichnisses verbrauchen, wird nicht angegeben.

Der "Dirp"-Befehl dieser Utilitysammlung weist die oben genannten Mängel nicht auf. Er ist daher als ideale Ergänzung zum DOS-Befehl zu verstehen.

Aufruf des Programms/Parameter:

Dirp [Lw:\Pfad\Datei.ext]

Der optionale Parameter [Lw:\Pfad\Datei.ext] kann sowohl einen Suchweg als auch eine Dateispezifikation enthalten. Wildcard-Zeichen wie * oder ? sind dabei zulässig.

Ziel/Zweck des Programms:

Anzeige eines beliebigen Verzeichnisses mit Dateinamen, Dateigrösse, Datum und Uhrzeit der Dateierstellung (auf die Sekunde genau) sowie den Dateiattributen. Es werden alle Dateien und Unterverzeichnisse ausgegeben; im Wurzelverzeichnis zusätzlich das Disk-Label mit Datum und Uhrzeit.

```
C:\> DIRP *.*
```

Die Bildschirmmaske sieht wie folgt aus:

```
Suchkriterium: *.*

Dateiname:      Attrib:     Grösse:     Datum:         Zeit:

IBMBIO  COM     ARSH         22169      17-11-1990     20:15:16
IBMDOS  COM     ARSH         30159      17-11-1990     20:15:16
ALLE_DATEN      <VOL>            0      15-12-1990     14:07:38
ASM             <DIR>            0      15-02-1991     18:07:22
AV              <DIR>            0      27-10-1990     19:00:44
BASIC           <DIR>            0      27-10-1990     19:00:56
CHESS           <DIR>            0      27-10-1990     19:02:24
DBASEIII        <DIR>            0      27-10-1990     19:21:46
DOS             <DIR>            0      27-10-1990     19:22:28
HDBIBEL         <DIR>            0      27-10-1990     19:24:04
MOUSE           <DIR>            0      27-10-1990     19:34:20
NU              <DIR>            0      27-10-1990     19:34:28

Weiter --> eine Taste betätigen ...
```

Abb. 2 : Bildschirmausgabe von Dirp

Funktions-Schema:

Dirp arbeitet nach folgendem Schema:

- ▶ Cursor sichern und verstecken.
- ▶ Graphikkarte bestimmen und Farben entsprechend setzen.
- ▶ Startbild hinschreiben.
- ▶ Falls Hilfe gewümscht wird, eine Hilfe-Ausgabe schreiben² und anschließend das Programm verlassen.
- ▶ Variablen initialisieren.

- ▶ 1. Datei suchen. Bei Fehlern Programm mit Fehlermeldung verlassen.

> ....
> - ► Schleife: Für jede Datei
>   - ■ Dateiname, Dateigröße, Dateiattribute bestimmen.
>   - ■ Datei-Erstellungszeit mit "Unpacktime" extrahieren.
>   - ■ Konversion der Zeitdaten in einen String fixer Länge.
>   - ■ Alle 12 Zeilen warten, bis eine Taste gedrückt wird ...
>   und eine neue Uberschrift hinschreiben
>   - ■ Falls <ESC> gedrückt wird, Programm verlassen.
>   - ■ Verzeichniseintrag hinschreiben.
>   - ■ Nächste Datei suchen.
> - ► Schleifenende.
> - ► Anzahl Dateien und Gesamtplatzverbrauch ausgeben.
> - ► Programmende.

Verwendete DOS-Funktionen/Prozeduren	
Prozedur:	**Zweck:**
► ClrScr:	Bildschirm löschen.
► DetectGraph:	Graphikkarte bestimmen.
► DosError:	Fehlerbehandlung, analog zu IoResult.
► FindFirst, FindNext:	Verzeichniseinträge ermitteln.
► GoToXY:	Ausgabe auf dem Bildschirm positionieren.
► Intr ($10, Regs):	Cursor holen, verstecken und am Ende wieder sichtbar machen.
► Keypressed:	Gibt an, ob eine Taste gedrückt wurde. (Boolean)
► ReadKey:	Zeichen von der Tastatur lesen.
► TextBackground, TextAttr, TextColor:	Vordergrund-/Hintergrundfarbe setzen.
► Window:	Bildschirmausschnitt festlegen.

Verwendete Unterprogramme

GetCursor   holt die aktuellen Cursoreinstellungen, so daß sie nach dem Programmende wieder restauriert werden können.

HideCursor   ist eine kurze Prozedur, die ebenfalls auf den Interrupt 10h zugreift. Sie läßt den Cursor vom Bildschirm verschwinden, da es optisch störend ist, wenn in einer Bildschirmmaske der Cursor irgendwo herumhängt.

ShowCursor   läßt den Cursor beim Programmende wieder erscheinen. Dabei werden die von -> *GetCursor* geholten Daten wieder gesetzt. Dies gewährt, daß unabhängig von der vorherigen Cursorform wieder derselbe Cursor gesetzt wird.

Ende   setzt die Bildschirmattribute zurück, schreibt eine Schlußmeldung an den Bildschirm und beendet anschließend das Programm.

Hauptprogramm

Zu Beginn des Programms wird die Cursoreinstellung gesichert und anschließend der Cursor versteckt. Nachdem die Art der Graphikkarte ermittelt ist, werden die Vordergrund- und die Hintergrundfarbe im Textmodus entsprechend gesetzt. (Es darf nicht dieselbe Farbe für eine Hercules-Karte wie für eine VGA-Karte benützt werden - es sei denn, alle Programme wären nur schwarz-weiß.)

Nachdem das Startbild für das Programm kurz angezeigt worden ist, wird überprüft, ob Hilfe für den Befehl angefordert wurde. Falls ja, wird ein Hilfstext ausgegeben und das Programm anschließend verlassen.

In allen übrigen Fällen werden nun die Variablen *Summe* (Bytesumme der Dateien) und *Zaehler* (Anzahl Dateien) initialisiert. Der Suchpfad wird aufgrund des übergebenen Parameters gesetzt, z. B. *Pfad := '*.PAS'*. Danach wird mit der Dateisuche begonnen. Falls keine Datei gefunden wird, wird das Programm mit einer Fehlermeldung abgebrochen. Das kann z. B. dann geschehen, wenn das Diskettenlaufwerk keine Diskette enthält oder der Suchpfad nicht existiert.

Falls eine Datei gefunden wird (mit *FindFirst*), verzweigt das Programm in eine Schleife, die erst dann beendet wird, wenn ein Fehler auftritt oder keine weiteren Dateien mehr gefunden werden. In dieser Schleife werden:

a)   der Dateiname festgelegt. Dazu wird der Name in ein Feld fixer Länge "getrimmt".

b)   beim Label der Name und die Extension zusammengesetzt.

c)   die Dateigröße in eine Stringvariable fixer Länge abgefüllt.

d)   die Dateiattribute bestimmt.

e)   die Zeit und das Datum der Erstellung "entpackt" (decodiert) und anschließend in Stringvariablen "abgefüllt".

f)   nach je 12 Verzeichnis-Einträgen wird der Bildschirm angehalten und ein neuer Titel ausgegeben; falls die < ESC > -Taste gedrückt wird, wird das Programm verlassen.

g)   der Dateieintrag wird mit Namen, Dateigrößen, Attributen, dem Zeitpunkt der Erstellung und dem Datum hingeschrieben.

Nach Verlassen der Schleife wird die Anzahl der Dateien und die Bytessumme ausgegeben und das Programm beendet.

Programm-Quellcode

```
(****************************************************************)
(*                        D I R P                           *)
(*------------------------------------------------------------*)
(*     Aufgabe  : DIRP ist ein bequemerer DIR-Command.        *)
(*------------------------------------------------------------*)
(*     Autor    : Georg Fischer                               *)
(*                                                            *)
(*                                                            *)
(*     entwickelt am  : 05.10.1990                            *)
(*     letztes Update : 26.10.1990                            *)
(*                                                            *)
(*     Version 3.0    : 12.11.1990 (farbig)                   *)
(*                                                            *)
(****************************************************************)


PROGRAM DIRP;

{$R+}     {Range checking on ###}
{$S+}     {Stack checking on ###}
{$I-}     {I/O checking on ###}
{$N-}     {No numeric coprocessor ###}
USES DOS, CRT, GRAPH;
```

```pascal
VAR  JAHR, MONAT, TAG, WOCHENTAG : WORD;  (* SELBSTERKLÄREND     *)
     STUNDE, MINUTE, SEKUNDE,
     HUNDERTSTEL_SEKUNDE         : WORD;  (* SELBSTERKLÄREND     *)
     MONAT1, TAG1, STUNDE1: STRING[2];    (* DASSELBE MIT NULLEN *)
     MINUTE1, SEKUNDE1    : STRING[2];    (*    ERGÄNZT          *)
     TIME1                : LONGINT;      (* "GEPACKTE" ZEIT     *)
     TIMDAT1              : DATETIME;     (* ZEIT/DATUMSRECORD   *)
VAR  I, J, K, ZAEHLER     : INTEGER;      (* UNSPEZ. ZAEHLER     *)
     PFAD                 : STRING[45];   (* PFAD ZUM DATEINAMEN *)
     S                    : SEARCHREC;    (* SUCHRECORD ZUR DATEI *)
     FEHLER               : INTEGER;      (* FEHLERINHALT        *)
     NAME                 : STRING[12];   (* NAME DES DIR-EINTRAGS *)
     EXT                  : STRING[3];    (* NAMENS-EXTENSION    *)
     ATTR                 : STRING[6];    (* FILE-ATTRIBUT       *)
     SIZE                 : STRING[9];    (* FILE-GRÖSSE         *)
     DELTA                : REAL;         (* DELTA = 0 -->       *)
     CH                   : CHAR;         (* EINGELESENES ZEICHEN *)
     SUMME                : LONGINT;      (* ANZAHL BYTES ALLER  *)
                                                    (* DATEIEN *)
VAR  CURTOP, CURBOT       : BYTE;         (* CURSORGRÖSSE        *)

VAR  GRAPHDRIVER          : INTEGER;      (* GRAPHIKKARTE        *)
     GRAPHMODE  : INTEGER;
     BACK, FORE : INTEGER;                 (* VORDER/HINTERGRUNDFARBEN *)

(* CURSOR-GRÖSSE VOM BIOS HOLEN *)
(* CURSOR-GRÖSSE VOM BIOS HOLEN *)

PROCEDURE GETCURSOR;
VAR REGS: REGISTERS;
BEGIN
   REGS.AH := 3;
   REGS.BH := 0;
   INTR ($10, REGS);
   CURTOP := REGS.CH;
   CURBOT := REGS.CL;
END;

(* CURSOR VERSTECKEN *)
(* CURSOR VERSTECKEN *)

PROCEDURE HIDECURSOR;
VAR REGS: REGISTERS;
BEGIN
```

```pascal
    REGS.AH := 1;
    REGS.CX := $2000;
    INTR ($10, REGS);
END;


{* CURSOR ZEIGEN *}
{* CURSOR ZEIGEN *}

PROCEDURE SHOWCURSOR;
VAR REGS: REGISTERS;
BEGIN
    REGS.AH := 1;
    REGS.CH := CURTOP;
    REGS.CL := CURBOT;
    INTR ($10, REGS);
END;


{* SCHLUSS-PROZEDUR ZUM VERLASSEN DES PROGRAMMES *}
{* SCHLUSS-PROZEDUR ZUM VERLASSEN DES PROGRAMMES *}

PROCEDURE ENDE;

BEGIN

  WRITELN;
  WRITELN('                       Bel. Taste drücken ...');

  WHILE (NOT KEYPRESSED) DO BEGIN
    DELAY(10);
  END; {* WHILE *}
  CH:=READKEY;
  IF (CH = CHR(0)) THEN CH:=READKEY;

  TEXTBACKGROUND(0); TEXTCOLOR(7);
  WINDOW(1,1,80,25);
  CLRSCR;
  SHOWCURSOR;
  WRITELN('Auf Wiedersehen - Ihr DIRP Version 3.0  (C) 1990-91 ',
          'G. Fischer    ');
  HALT(0);

END;
```

```pascal
{*******************}
{* HAUPT-PROGRAMM *}
{*******************}

BEGIN

  GETCURSOR;
  HIDECURSOR;


  {* JE NACH GRAPHIKKARTE DIE FARBEN SETZEN *}
  {* JE NACH GRAPHIKKARTE DIE FARBEN SETZEN *}

  GRAPHDRIVER := DETECT;
  DETECTGRAPH(GRAPHDRIVER, GRAPHMODE);

  CASE GRAPHDRIVER OF
    -2,2,5,7: BEGIN
                FORE := 15;  BACK := 0;
              END;
     1,3,4,9: BEGIN
                FORE := 14; BACK := 1;
              END;
    ELSE BEGIN
      FORE:= 15; BACK := 0;
    END; {* ELSE BEGIN *}
  END; {* CASE *}


  {* ANFANGSMENU HINSCHREIBEN *}
  {* ANFANGSMENU HINSCHREIBEN *}

  TEXTBACKGROUND(BACK); TEXTCOLOR(FORE);
  CLRSCR;

    GOTOXY(20,08);
    WRITELN('                                       ');
    GOTOXY(20,09);
    WRITELN('          DIRP   Version  3.0          ');
    GOTOXY(20,10);
    WRITELN('                                       ');
    GOTOXY(20,11);
    WRITELN('                                       ');
    GOTOXY(20,12);
```

```
      WRITELN('|                     (C)                    |');
      GOTOXY(20,13);
      WRITELN('|    Programmiert von Georg Fischer    |');
      GOTOXY(20,14);
      WRITELN('|                    Bern                    |');
      GOTOXY(20,15);
      WRITELN('|                                            |');
      GOTOXY(20,16);
      WRITELN('|          Programm wird geladen ...         |');
      GOTOXY(20,17);
      WRITELN('|                                            |');
      GOTOXY(20,18);
      WRITELN('|____________________________________________|');

      DELAY(1000);
      CLRSCR;


{* RAHMEN FUR HAUPTPROGRAMM HINSCHREIBEN *}
{* RAHMEN FUR HAUPTPROGRAMM HINSCHREIBEN *}

GOTOXY(1, 1); WRITE('┌───────────────────────────────────');
GOTOXY(40,1); WRITE('───────────────────────────────────┐');
FOR J:=2 TO 24 DO BEGIN
  GOTOXY(1, J); WRITE('│');
  GOTOXY(79,J); WRITE('│');
END; {* FOR *}
GOTOXY(1, 25);
WRITE('└───────────────────────────────────');
GOTOXY(40,25);
WRITE('───────────────────────────────────┘');


WINDOW(3,3,77,22);


{* FALLS ? EINGEGEBEN: HILFE *}
{* FALLS ? EINGEGEBEN: HILFE *}

PFAD := ' ';
PFAD := PARAMSTR(1);
IF (PFAD[1] = '?') THEN BEGIN
  GOTOXY(20,08);
  WRITELN(' Zeigt das Directory des angegebenen ');
  GOTOXY(20,09);
```

```
        WRITELN(' Laufwerkes                         ');
        GOTOXY(20,10);
        WRITELN(' ____________________________________ ');
        GOTOXY(20,11);
        WRITELN('                                     ');
        GOTOXY(20,12);
        WRITELN(' Aufruf: DIRP oder                   ');
        GOTOXY(20,13);
        WRITELN('           DIRP A: oder              ');
        GOTOXY(20,14);
        WRITELN('           DIRP *.PAS oder           ');
        GOTOXY(20,15);
        WRITELN('           DIRP C:\*.BAK oder        ');
        GOTOXY(20,16);
        WRITELN('           DIRP C:\PFAD\             ');
        GOTOXY(20,17);
        WRITELN('                                     ');

      ENDE;


  END; {* IF *}



  {* ZAEHLER, BYTES-SUMME INITIALISIEREN + NULL-PFAD *}
  {* ZAEHLER, BYTES-SUMME INITIALISIEREN + NULL-PFAD *}

  ZAEHLER := 0;
  SUMME   := 0;
  IF (PFAD = '') THEN PFAD:='*.*';
  IF (LENGTH(PFAD)=2) AND (PFAD[2]=':') THEN PFAD:=PFAD+'*.*';
  IF (PFAD[LENGTH(PFAD)] = '\') THEN PFAD:=PFAD+'*.*';



  {* HAUPTTEIL: SUCHT FILES UND UBERPRUFT FEHLER              *}
  {* HAUPTTEIL: SUCHT FILES UND UBERPRUFT FEHLER              *}
  {* HAUPTTEIL: SUCHT FILES UND UBERPRUFT FEHLER              *}

BEGIN

  WRITELN('                                        ');

  FINDFIRST(PFAD,$3F,S);            {* ERSTES FILE SUCHEN     *}
  FEHLER:=DOSERROR;                 {* FALLS NIX GEFUNDEN     *}
```

```pascal
(* FEHLERBEHANDLUNG, FALLS GAR KEINE DATEI GEFUNDEN WURDE   *)
(* FEHLERBEHANDLUNG, FALLS GAR KEINE DATEI GEFUNDEN WURDE   *)

IF (FEHLER <> 0) THEN BEGIN
  WRITELN;
  CASE FEHLER OF
      2:WRITELN('    Datei(en) nicht gefunden !');
      3:WRITELN('    Pfad nicht gefunden !');
     15:WRITELN('    Laufwerksnummer unzulässig !');
     18:WRITELN('    Datei(en) nicht gefunden !');
    152:WRITELN('    Laufwerk ist nicht bereit !');
    ELSE WRITELN('    Unbekannter Fehler, Nr. = ',FEHLER);
  END; (* CASE *)

  ENDE;

END;   (* IF *)



(* ERSTER FILE-EINTRAG GEFUNDEN *)
(* ERSTER FILE-EINTRAG GEFUNDEN *)

WHILE (DOSERROR = 0) DO BEGIN     (* SOLANGE KEINE FEHLER   *)

  (* NAME BESTIMMEN, MIT BLANKS AUFFULLEN *)
  (* NAME BESTIMMEN, MIT BLANKS AUFFULLEN *)

  NAME  := S.NAME;
  EXT   := '   ';     (* NAMENS-EXTENSION *)

  FOR I:=1 TO LENGTH(NAME) DO BEGIN
     IF (NAME[I] = '.') AND (NAME <> '.') AND (NAME <> '..')
        THEN BEGIN
        EXT :=COPY(NAME,I+1,3);
        NAME:=COPY(NAME,1,I-1);
     END; (* IF *)
  END; (* FOR *)

  NAME:= NAME + '           ';      (* HINTEN MIT BLANKS
                                        AUFFFULLEN       *)
  EXT := EXT + '   ';


  IF ((S.ATTR AND VolumeId) <> 0) THEN BEGIN
```

```pascal
      NAME:= COPY(NAME,1,8) + EXT + '   ';
      EXT := '   ';
  END; {* IF *}


{* DATEIGRÖSSE ERMITTELN *}
{* DATEIGRÖSSE ERMITTELN *}

STR(S.SIZE:9,SIZE);
SUMME:=SUMME+S.SIZE;

{* FILE-ATTRIBUTE BESTIMMEN *}
{* FILE-ATTRIBUTE BESTIMMEN *}
{* FILE-ATTRIBUTE BESTIMMEN *}

ATTR := '  ';

IF ((S.ATTR AND ARCHIVE) <> 0) THEN
  ATTR:=ATTR+'A'
 ELSE
  ATTR:=ATTR+'.';

IF ((S.ATTR AND READONLY) <> 0) THEN
  ATTR:=ATTR+'R'
 ELSE
  ATTR:=ATTR+'.';

IF ((S.ATTR AND SYSFILE) <> 0) THEN
  ATTR:=ATTR+'S'
 ELSE
  ATTR:=ATTR+'.';

IF ((S.ATTR AND HIDDEN) <> 0) THEN
  ATTR:=ATTR+'H'
 ELSE
  ATTR:=ATTR+'.';

IF ((S.ATTR AND DIRECTORY) <> 0) THEN
  ATTR:=' <DIR>';

IF ((S.ATTR AND VOLUMEID) <> 0) THEN
  ATTR:=' <VOL>';
```

```
(* ZEITDARSTELLUNG VORBEREITEN *)
(* ZEITDARSTELLUNG VORBEREITEN *)

TIME1 := S.TIME;
UNPACKTIME(TIME1, TIMDAT1);
JAHR     := TIMDAT1.YEAR;
MONAT    := TIMDAT1.MONTH;
TAG      := TIMDAT1.DAY;
STUNDE   := TIMDAT1.HOUR;
MINUTE   := TIMDAT1.MIN;
SEKUNDE  := TIMDAT1.SEC;


(* KONVERSION DER ZEITDATEN IN FIXED-LÄNGE-STRING *)
(* KONVERSION DER ZEITDATEN IN FIXED-LÄNGE-STRING *)


I:= STUNDE;
J:= MINUTE;
K:= SEKUNDE;


IF (I < 10) THEN  STUNDE1 :=CONCAT('0',CHR(I+48))
            ELSE  STR(I:2,STUNDE1);
IF (J < 10) THEN  MINUTE1 :=CONCAT('0',CHR(J+48))
            ELSE  STR(J:2,MINUTE1);
IF (K < 10) THEN  SEKUNDE1:=CONCAT('0',CHR(K+48))
            ELSE  STR(K:2,SEKUNDE1);


J:= MONAT;
K:= TAG;


IF (J < 10) THEN  MONAT1  :=CONCAT('0',CHR(J+48))
            ELSE  STR(J:2,MONAT1);
IF (K < 10) THEN  TAG1    :=CONCAT('0',CHR(K+48))
            ELSE  STR(K:2,TAG1);



(* SEITENVORSCHUB: WARTEN, BIS TASTE GEDRUCKT *)
(* ALLE 12 ZEILEN                             *)


DELTA:=FRAC(ZAEHLER/12.00);


IF (DELTA < 0.01) AND (ZAEHLER > 0) THEN BEGIN
   WRITELN('                                          ');
   WRITELN('Weiter --> eine Taste betätigen ...       ');
```

```
                WHILE (NOT KEYPRESSED) DO BEGIN
                   DELAY(10);
                END; (* WHILE *)
                CH:=READKEY;
                IF (CH = CHR(27)) THEN BEGIN
                   TEXTBACKGROUND(0); TEXTCOLOR(7);
                   WINDOW(1,1,80,25);
                   CLRSCR;
                   SHOWCURSOR;
                   WRITELN('Auf Wiedersehen - Ihr DIRP Version 3.0 (C)',
                           ' 1990-91  G. Fischer  ');
                   HALT(0);
                END; (* IF *)
                IF (CH = CHR(0)) THEN CH:=READKEY;
             END; (* IF *)


             (* UBERSCHRIFT AUF JEDER SEITE *)
             (* UBERSCHRIFT AUF JEDER SEITE *)


             IF (DELTA < 0.01) THEN BEGIN
               WRITELN('  Suchkriterium: ',PFAD);
               WRITE('                                          ');
               WRITELN('            ');
               WRITELN(' Dateiname:           Attrib: Grösse: ',
                       ' Datum:     Zeit:');
               WRITELN('                                            ');
             END; (* IF *)


             ZAEHLER:=ZAEHLER+1;            (* 1 DATEI MEHR            *)


             (* DIRECTORY-EINTRAG HINSCHREIBEN                        *)
             (* DIRECTORY-EINTRAG HINSCHREIBEN                        *)


             WRITE('   ',NAME,' ',EXT,'    ',ATTR,' ',SIZE,'   ');
             WRITELN(TAG1,'-',MONAT1,'-',JAHR,'   ',
                     STUNDE1,':',MINUTE1,':',SEKUNDE1);


             (* NÄCHSTE DATEI SUCHEN *)
             (* NÄCHSTE DATEI SUCHEN *)


               FINDNEXT(S);
             END; (* WHILE *)
```

```
      {* AM SCHLUSS: ANZAHL DATEIEN + BYTES-SUMME HINSCHREIBEN *}
      {* AM SCHLUSS: ANZAHL DATEIEN + BYTES-SUMME HINSCHREIBEN *}


      WRITELN('                                              ');
      WRITELN('    ',ZAEHLER,' Datei(en) gefunden - Total ',SUMME,'  ',
              '  ','Bytes');
      WRITELN('                                              ');


      ENDE;
      END; {* BEGIN *}


   END.
                       ***********
```

FCD (Fischer Change Directory)

Thematik

Die Norton-Utilities haben mit ihrem bekannten Norton Change Directory
deutlich gezeigt, daß der DOS-Anwender eine bequeme Möglichkeit will, um
Verzeichnisse bearbeiten zu können. Vom Betriebssystem selbst werden bis
zur DOS-Version 3.3 nur grundlegende Befehle zur Verfügung gestellt
(ChDir, RmDir, MkDir). Die Möglichkeit, ein Verzeichnis umzubenennen,
fehlt sogar ganz.

Im vorliegenden Programm werden die häufigsten Wünsche der Anwender
weitgehend berücksichtigt. Es ist möglich, auf bequeme Art und Weise Verzeichnisse umzubenennen, zu löschen, neu zu erstellen usw. Außerdem ist ein
graphischer Verzeichniswechsel möglich, der die Hauptaufgabe des Programms darstellt.

FCD ist im Funktionsumfang weitgehend identisch mit *NCD* (Norton Change
Directory). Da ein Verzeichniswechsel im Verzeichnisbaum bequemer ist,
wenn die Maus dazu benützt werden kann, ist auch diese Möglichkeit berücksichtigt worden. Dazu wird der TimerInterrupt-Vektor $1C so verbogen, daß
die Mausfunktionen 18 Mal pro Sekunde überprüft und gegebenenfalls ausgeführt werden. Die Bewegungsrichtungen der Maus werden auf die entsprechenden Pfeiltasten abgebildet. Der rechte Mausknopf entspricht der Return-
Taste, der linke Mausknopf simuliert die ESC-Taste.

Das Programm überprüft zu Beginn automatisch, ob eine Maus installiert ist
oder nicht. Falls keine Maus vorhanden ist, kann das Programm trotzdem

"normal" über die Tastatur bedient werden. Andernfalls ist es möglich, die Verzeichnisse mit Hilfe der Tastatur oder mit der Maus zu wechseln.

Damit Verzeichnisse schnell und einfach zu finden sind, übernimmt eine Suchfunktion diese Aufgabe. Sie springt bereits nach der Eingabe von 1-3 Buchstaben eines Verzeichnisses an den richtigen Ort. Falls es mehrere Verzeichnisse mit demselben Namen gibt, so kann mit dem Tabulator von Verzeichnis zu Verzeichnis "gehüpft" werden.

Aufruf des Programms/Parameter:

FCD [LW:]
z.B. FCD oder FCD A:

Der optionale Parameter kann eine Laufwerksbezeichnung enthalten. Ohne Parameter startet *FCD* auf dem aktuellen Laufwerk.

Ziel/Zweck des Programms:

Der Hauptzweck des Programms besteht in einem möglichst bequemen Verzeichniswechsel. Zusätzlich ermöglicht es eine einfache Verzeichnisverwaltung.

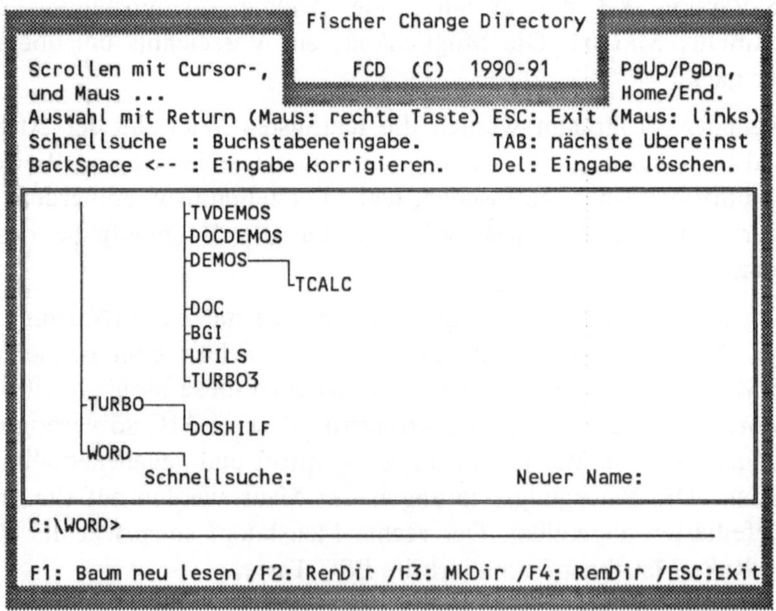

Abb. 3 : Bildschirmausgabe von FCD

Mögliche Eingaben in FCD

Cursor/Pfeiltasten: Mit den Pfeiltasten ist es möglich, sich im Verzeichnisbaum zu bewegen. Dasselbe gilt für eine Mausbewegung auf der Unterlage in die entsprechende Richtung.

Return: Das Programm wird abgebrochen, der Benützer wechselt in das Verzeichnis, das zuletzt mit einem inversen Balken markiert war.

ESC: Das Programm wird ohne Verzeichniswechsel abgebrochen. Das vor dem Aufruf gültige Verzeichnis erscheint im Systemprompt.

Home: Die Markierung springt auf den obersten Verzeichnisbaumeintrag, das Wurzelverzeichnis.

End: Die Markierung springt auf den letzten (untersten) Verzeichniseintrag im Verzeichnisbaum.

Schnellsuche: Es können einige (1-8) Buchstaben eingegeben werden, um ein gewünschtes Verzeichnis schneller zu finden. Bei der Buchstabeneingabe springt der Balkencursor sofort auf das nächste Verzeichnis, mit dem die Eingabe übereinstimmt.

Del: Damit wird die gesamte Eingabe gelöscht.

Backspace: Das letzte Zeichen der Eingabe wird gelöscht.

PgUp: Eine Bildschirmseite hinauf im Verzeichnisbaum.

PgDn: Eine Bildschirmseite hinunter bewegen.

Tab: Falls mehrere Verzeichnisse denselben Namen haben, kann so von Verzeichnis zu Verzeichnis gehüpft werden. (Die Schnellsuche findet nur die erste Ubereinstimmung zwischen der Eingabe und dem Verzeichnisnamen.)

F1:   Falls unter MS-DOS Änderungen an der Verzeichnisstruktur vorgenommen worden sind, ist der Verzeichnisbaum im Programm nicht mehr aktuell. Er muß neu eingelesen werden.

F2:   Damit können Verzeichnisse umbenannt werden.

F3:   Legt ein neues Verzeichnis an.

F4:   Löscht ein leeres Verzeichnis.

Funktions-Schema:

FCD arbeitet nach folgendem Schema:

- Cursor sichern und verstecken.
- Alten TimerInterruptVektor sichern.
- Prüfen, ob eine Maus installiert ist.
- Falls ja, dann die Mausfunktionen auf den TimerInterrupt setzen.
- Graphikkarte bestimmen und Farben entsprechend setzen.
- Startbild hinschreiben.
- Variablen initialisieren.
- Falls vorhanden, *FCD.INI* lesen (enthält Verzeichnisbaum)
- Andernfalls den Verzeichnisbaum des Laufwerkes bestimmen.
- Graphische Aufbereitung des Verzeichnisbaumes.
- Ausgabe des initialisierten Verzeichnisbaumes am Bildschirm.
- Schleife: Auf eine Eingabe warten.
  - Je nach Taste die gewünschte Funktion ausführen, z. B. End,
  - Home, PgUp, F2 (RenameDirectory) usw.
  - Bei Return und ESC: Schleife verlassen.
- Schleifenende.
- Falls nötig wegen Änderungen: Verzeichnisbaum neu schreiben.
- Bildschirmfarben/attribute restaurieren.
- Verbogenen TimerInterruptVektor restaurieren.
- Programmende.

Verwendete DOS-Funktionen/Prozeduren

Prozedur/Array:	Verwendungszweck:
Assign:	externe Datei der Dateivariablen zuordnen.
ChDir:	aktuelles Verzeichnis wechseln.
ClrScr:	Bildschirm löschen.
Delay:	Programmverzögerung (in MilliSekunden)
DetectGraph:	Graphikkarte bestimmen.
DosError:	Fehlerbehandlung. (wie IoResult)
FindFirst, FindNext:	Verzeichniseinträge ermitteln.
GetDir:	Aktuelles Verzeichnis bestimmen.

Verwendete DOS-Funktionen/Prozeduren	Fortsetzung
Prozedur/Array:	**Verwendungszweck:**
► GetIntVec:	alten TimerInterruptVektor sichern.
► GoToXY:	Ausgabe auf dem Bildschirm positionieren.
► Intr ($10, Regs):	Cursor holen, verstecken und am Ende wieder sichtbar machen/Bildschirm scrollen.
► Intr ($33, Regs):	Mausfunktionen benützen.
► Mem/Memw:	Direkte Speicherzuweisungen (zum Simulieren eines Tastendruckes)
► MkDir:	Verzeichnis erstellen.
► ReadKey:	Zeichen von der Tastatur lesen.
► Rename:	Verzeichnis umbenennen.
► RmDir:	Verzeichnis löschen.
► SetIntVec:	TimerInterruptVektor auf eigene Prozedur setzen.
► TextBackground, TextAttr, TextColor:	Vordergrund-/Hintergrundfarbe setzen.
► Window:	Bildschirmausschnitt festlegen.

Verwendete Unterprogramme (Kurzübersicht)[*)]

GetCursor   speichert die aktuellen Cursoreinstellungen, so daß sie nach dem Programmende wieder restauriert werden können. (Interrupt 10h).

HideCursor   ist eine kurze Prozedur, die ebenfalls auf den Interrupt 10h zugreift. Sie läßt den Cursor vom Bildschirm verschwinden, da es optisch störend ist, wenn in einer Bildschirmmaske der Cursor irgendwo herumhängt.

ShowCursor   läßt den Cursor beim Programmende wieder erscheinen. Dabei werden die von -> *GetCursor* gesicherten Daten wieder gesetzt. Dies gewährt, daß unabhängig von der vorherigen Cursorform wieder derselbe Cursor gesetzt wird.

---

*) Einige wesentliche Prozeduren werden noch ausführlicher erläutert

Scroll   ermöglicht ein bequemes Bildschirm-Rollen. Als Konstante wird die Zahl 6 (ScrollUp) oder 7 (ScrollDown) übergeben.

UpString   verwandelt einen String in Großbuchstaben.

ButtonPressed   erhält als Übergabeparameter die Nummer des Mausknopfes. Zurückgeliefert wird ein Boolean-Wert, der angibt, ob der Mausknopf gedrückt wurde oder nicht.

Mousemoved   gibt die relative Mausbewegung in einem x-y-Koordinatensystem zurück. Je nach Schnelligkeit der Bewegung werden größere oder kleinere x- und y-Werte zurückgeliefert.

Taste   simuliert einen Tastendruck im Tastaturpuffer. Dabei werden der Funktion das Lowbyte und das Highbyte des BIOS-Tastencode's übergeben. Die Funktionstaste F1 zum Beispiel hat den Code (0,59), die ESC-Taste (27,0). Mittels der Array's Mem und MemW wird die Information an die richtige Speicherstelle gebracht. Aufgrund der Mausbewegung wird also ein entsprechender Tastendruck der Pfeiltasten erzeugt.

Checkmouse   überprüft, ob ein Maustreiber installiert ist oder nicht. Falls ja, wird ein Boolean-Wert "True" zurückgeliefert, andernfalls ein "False"-Wert.

TimerInt   Diese Prozedur prüft mit Hilfe von Mousemoved und Button-pressed, ob eine Mausfunktion aktiviert wurde. Falls ja, wird ein entsprechender Tastencode simuliert. Da diese Prozedur den TimerIntVektor belegt, werden die Uberprüfungen automatisch 18 x pro Sekunde durchgeführt (*SetIntVec($1C,@TimerInt*).

Dir_Find   sucht das aktuelle Laufwerk rekursiv nach allen Verzeichnissen ab und erstellt eine Liste davon (Dieser Programmteil wird unter dem Programm "LDIR" noch besprochen).

MakeBaum   erstellt aus den gefundenen Verzeichnissen den graphischen Verzeichnisbaum, der anschließend am Bildschirm dargestellt wird.

ZeigeEntry   stellt die Verzeichnis-Ausgabe mit einem inversen Balken am Bildschirm dar.

Suche	Diese Prozedur sucht nach einem bestimmten Verzeichnisnamen, und der inverse Balkencursor springt anschließend dorthin.
Neu_Lese	Mit dieser Prozedur wird der gesamte Verzeichnisbaum neu eingelesen.
RenDir	ermöglicht es, ein Verzeichnis umzubenennen.
MakeDir0	liest über ein Eingabefeld den Namen des neu zu erstellenden Verzeichnisses. Anschließend wird geprüft, ob dieses erstellt werden kann. Falls ja, wird ein neues Verzeichnis erstellt und der graphische Verzeichnisbaum neu aufbereitet, andernfalls eine Fehlermeldung ausgegeben.
RemDir0	Diese Prozedur schließlich entfernt ein leeres Verzeichnis. Falls das Verzeichnis nicht leer war und man trotzdem versucht hat, es zu entfernen, folgt eine Fehlermeldung.

Flussdiagramm

Wegen der Komplexität dieses Programmes wird zum einfacheren Verständnis ein vereinfachtes Ablaufdiagramm gezeigt.

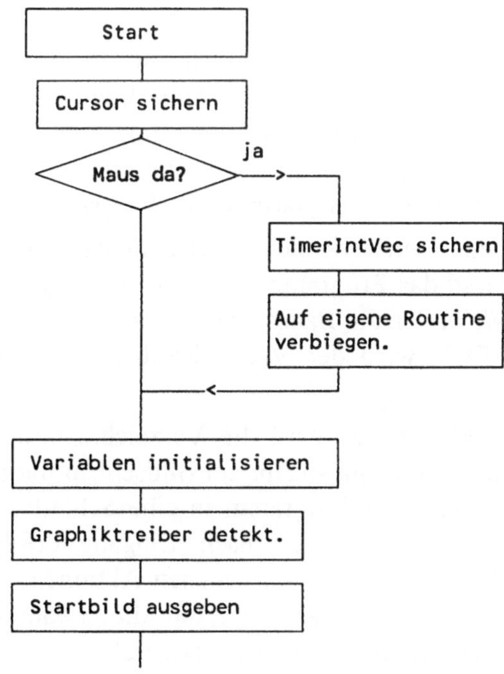

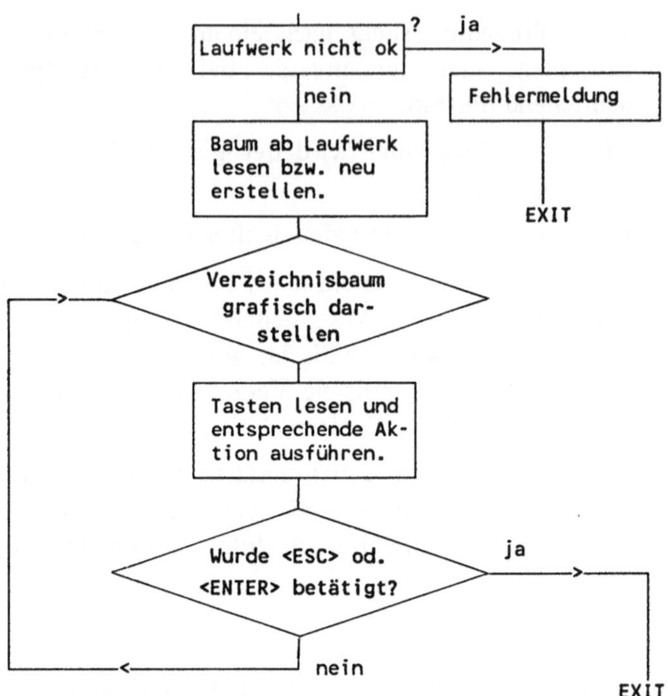

Hauptprogramm

Zuerst sichert das Programm die Cursoreinstellung und versteckt anschließend den Cursor. Danach wird geprüft, ob ein Maustreiber installiert ist. Falls ja, wird die Einstellung des TimerInterruptVektors gesichert und eine eigene Prozedur, die die Maussteuerung kontrolliert, darauf gesetzt. Nach der Initialisierung von diversen Variablen wird die Graphikkarte detektiert und anschließend das Startbild des Programms hingeschrieben.

Falls das angegebene Laufwerk nicht erreichbar ist, wird nun eine Fehlermeldung ausgegeben und das Programm beendet. Andernfalls liest das Programm die Datei *FCD.INI*, in der die Baumverzeichnisinformation enthalten ist. Beim ersten Start von FCD wird der Verzeichnisbaum neu ab Disklaufwerk bestimmt.

Mit der Prozedur *MakeBaum* wird die Verzeichnisinformation graphisch so aufbereitet, daß der Verzeichnisbaum am Bildschirm dargestellt werden kann. Anschließend verzweigt das Programm in eine Schleife, in der eine Eingabe vom Benützer erwartet wird. Je nach Eingabe erfolgen nun die unter "Mögliche Eingaben in FCD" beschriebenen Aktionen. Bei der Eingabe von "Return" oder "ESC" verläßt das Programm die erwähnte Schleife. Falls nötig, wird nun der Verzeichnisbaum neu geschrieben, die alte Bildschirmmaske wieder hergestellt, der TimerIntVektor zurückgesetzt und das Programm anschließend verlassen.

Die meisten verwendeten Programmiertechniken werden dem Leser vertraut sein, mit der Ausnahme von wenigen Prozeduren, die den eigentlichen Kern des Programms bilden und die nun im folgenden betrachtet werden sollen. Der Quellcode dieser Prozeduren wird jeweils angegeben und eine Betrachtung der darin verwirklichten Ideen vorgenommen.

Der Quellcode des gesamten Programms wird wegen seiner Länge nicht in diesem Buch abgedruckt; er ist aber selbstverständlich auf den dem Buch beiliegenden Disketten vorhanden.

Prozedur Taste

```
PROCEDURE TASTE(LOW, HIGH: BYTE);
VAR I: WORD;
BEGIN
  I := MEMW[$40:$1C];
  MEM[$40:I]   := LOW;
  MEM[$40:I+1] := HIGH;
  IF (I >= $3C) THEN
     MEMW[$40:$1C] := $1E
    ELSE
     INC(MEMW[$40:$1C],2);
END;
```

Das BIOS des PC belegt den Speicherbereich zwischen den Adressen "0040h:0000h und 0050h:0000h" (Segmentadresse:Offsetadresse). Beim Offset 001C/001D (Segment 0040h) befindet sich dabei ein Doppelbyte ("Word"), das die Adresse des neuen, letzten Zeichens im Tastaturpuffer aufnimmt. Diese Adresse kann mit der Anweisung *I:=Memw[$40:$1C]* bestimmt werden. Beim Offset 1Eh bis 3Ch findet der eigentliche Tastaturpuffer Platz. Jedes im Tastaturpuffer gespeicherte Zeichen nimmt dabei 2 Byte in Anspruch. Bei einem normalen ASCII-Zeichen wird der ASCII-Code und dann der Scancode des Zeichens gespeichert. Der Scan-Code gibt die Nummer der gedrückten Taste an, wobei die Tasten der Tastatur von null an durchnumeriert sind. Da aber die Tastaturen von XT, AT und PC verschieden sind, ist er für die meisten Programme uninteressant (und kann als "0" angenommen werden). Handelt es sich beim Zeichen im Tastaturpuffer aber um einen erweiterten Code (z. B. die Funktionstaste F1) , so erhält das erste Byte den Wert 0 und das zweite Byte enthält den Code der erweiterten Taste.

Die Funktionstaste F1 erhält in dieser Darstellung den Wert (0, 59), die ESC-
Taste (27, 0) und die Return-Taste (13, 0) usw.

Das folgende kurze Programm ermöglicht es, den Tastencode zu bestimmen:

```
{****************************************************************}
{*                    K E Y P                                  *}
{*------------------------------------------------------------*}
{*      Aufgabe   : KEYP gibt den Tastaturcode aus.            *}
{*                                                             *}
{*                                                             *}
{*------------------------------------------------------------*}
{*      Autor     : Georg Fischer                              *}
{*                                                             *}
{*      entwickelt am  : 23.02.1991                            *}
{*      letztes Update : 23.02.1991                            *}
{*                                                             *}
{****************************************************************}


PROGRAM KEYP;


{$R+}          {* RANGE CHECKING ON ###}
{$S+}          {* STACK CHECKING ON ###}
{$I-}          {* I/O CHECKING OFF ###}
{$N-}          {* NO NUMERIC COPROCESSOR ###}
{$M 50000,0,0}  {* MEMORY SIZES *}


USES DOS, CRT;


VAR KEY: CHAR;                          {* GEDRUCKTE TASTE          *}


BEGIN

  WHILE (NOT KEYPRESSED) DO BEGIN
    DELAY(10);
  END; {* WHILE *}
  KEY:=READKEY;
  WRITE(ORD(KEY),' ');
  IF (ORD(KEY) = 0) THEN BEGIN
    KEY:=READKEY;
    WRITELN(ORD(KEY));
  END;
END.
```

Mit diesem Wissen über die Speicherbelegung des Tastaturpuffers kann nun aber die Prozedur *Taste* intuitiv verstanden werden: Zuerst wird die Adresse des neuen Zeichens im Tastaturpuffer bestimmt mit der Anweisung *I:=Memw[$40:$1C]*. Anschließend wird das Zeichen an diese Speicherstelle geschrieben mit den Anweisungen:

```
MEM[$40:I]   := LOW;
MEM[$40:I+1] := HIGH;
```

Dabei liegt die Variable I im Bereich von 1Eh bis 3Ch, wo sich der Tastaturpuffer befindet. Für die Funktionstaste F1 werden zum Beispiel der Wert 0 übergeben für das LowByte und 59 für das High-Byte.

Nachdem das Zeichen im Tastaturpuffer abgelegt worden ist, muß nun dafür gesorgt werden, daß die Adresse für die Position des letzten Zeichens ebenfalls um die 2 Bytes erhöht wird, damit das folgende Zeichen nicht die Position des eben abgelegten Zeichens überschreibt. Dies geschieht mit der folgenden Anweisung:

```
INC(Memw[$40:$1C],2).
```

Sobald das Ende des Puffers erreicht ist, muß der Zeiger wieder auf den Anfang gesetzt werden. Dies wird mit der folgenden Anweisung erreicht:

```
IF (I >= $3C) THEN
   MEMW[$40:$1C] := $1E
   ELSE
    INC(MEMW[$40:$1C],2);
```

Es wird in der Praxis kaum vorkommen, daß Zeichen verloren gehen, weil der Tastaturpuffer voll ist. Meistens können die eingegebenen Zeichen abgearbeitet werden. Die Prozedur *Taste* stellt also eine einfache Möglichkeit dar, einen Tastendruck zu simulieren. (Literatur: 2, S. xxx-xxx).

Funktion ButtonPressed

```
FUNCTION BUTTONPRESSED(B : BYTE) : BOOLEAN;
BEGIN
  REGS.AX := 3;
  INTR($33,REGS);
```

```
   IF (B=0) THEN BUTTONPRESSED := (REGS.BX = 1);
   IF (B=1) THEN BUTTONPRESSED := (REGS.BX = 2);
   IF (B=2) THEN BUTTONPRESSED := (REGS.BX = 4);
END;
```

Die Funktion 3 des Interrupt 33h liefert unter anderem den Status der Maus-knöpfe zurück. Dabei enthält das Register BX diese Information nach dem Aufruf des Interrupt's. Wenn Bit 0 gleich "True" ist, wurde die linke Maustaste gedrückt, bei Bit 1 (True) die rechte Maustaste und bei Bit 2 die mittlere Maustaste (falls vorhanden).

Wenn nun der Funktion *ButtonPressed* der Parameter 0 (linke Maustaste) mitgegeben wird, so wird für die linke Maustaste ein "True" zurückgeliefert werden, falls das Bit 0 von Regs.Bx = logisch 1 ist. Dies wird mit dem Statement *If (B=0) Then ButtonPressed := (Regs.Bx =1)* erzielt. Wenn nämlich *Regs.Bx = 1* ist, wird der Ausdruck logisch "True". Genau dann wird die Funktion *ButtonPressed* den logischen Wert "True" zurückliefern.

Genauso verhält es sich mit dem 2. und 3. Mausknopf. Wenn aber Bit 1 bzw. Bit 2 von *Regs.Bx* logisch 1 werden, so hat Bx den Wert 2 bzw. 4 (1 Byte sind 8 Bit, die logisch "0" oder "1" werden können, dies ergibt Werte von 0 bis 255 für alle UND/ODER - Kombinationen von Bit 0 bis 7).

MouseMoved-Prozedur

Mit der Funktion 0Bh des Interrupt 33h kann die Bewegung der Maus erfaßt werden. Die Werte der internen Schrittzähler finden sich in den Registern CX und DX. Ein Schritt entspricht dabei einer Distanz von 1/200 Inch (0.127 mm) und wird als Mickey bezeichnet. (Literatur: 2, S. xxx) Die Funktion ermittelt die Zahl der Mausschritte seit dem letzten Funktionsaufruf in einem x-y-Koordinatensystem. Da ein Register einer Variablen vom Typ "Word" übergeben wird, sind die Werte alle positiv und liegen im Bereich von Null bis 65535. Um die realen x-y-Werte zu erhalten, müssen die Werte von Null bis 32767 so belassen werden (positive Werte) und die größeren Zahlen werden um den Wert 65536 verringert (negative Werte).

```
(* MAUS BEWEGT ? *)
(* MAUS BEWEGT ? *)


PROCEDURE MOUSEMOVED(VAR X, Y: LONGINT);
VAR REGS   : REGISTERS;
VAR X0, Y0 : WORD;
```

```
BEGIN
  REGS.AX := 11;
  INTR($33,REGS);
  XO := REGS.CX;
  YO := REGS.DX;

  IF (XO <= 32767) THEN
    X:= XO
  ELSE
    X:= XO - 65536;

  IF (YO <= 32767) THEN
    Y:= YO
  ELSE
    Y:= YO - 65536;
END;
```

TimerInt-Prozedur

```
PROCEDURE TIMERINT;
INTERRUPT;
VAR X,Y : INTEGER;
BEGIN
  MOUSEMOVED(X,Y);
  IF X < -8 THEN TASTE(0,75)
    ELSE IF X > 8 THEN TASTE(0,77);
  IF Y < -8 THEN TASTE(0,72)
    ELSE IF Y > 8 THEN TASTE(0,80);
  IF BUTTONPRESSED(0) THEN TASTE(27,0);
  IF BUTTONPRESSED(1) THEN TASTE(13,0);
END;
```

Aufruf im Hauptprogramm: *SetIntVec($1C, @TimerInt)*;

Die Prozedur *TimerInt* ist auf den ersten Blick eine ganz gewöhnliche Prozedur, die die folgenden Aufgaben ausführt: Bei jedem Aufruf wird geprüft, ob
die Maus bewegt wurde. Falls ja, wird die Bewegungsrichtung der Maus auf
die 4 Pfeiltasten abgebildet. Außerdem wird kontrolliert, ob ein Mausknopf
betätigt worden ist. Falls ja, wird beim linken Mausknopf die ESC-Taste simuliert, beim rechten Mausknopf die Return-Taste.

"Dies ist ja schön und gut", werden Sie als Leser sicher denken - doch wie oft muß doch die Prozedur aufgerufen werden, um eine kontinuierliche Mauskontrollfunktion zu übernehmen?

Zum Glück stellt das System den unbenutzten Timer-Interrupt 1Ch zur Verfügung. Dieser wird nach jedem Überlauf des Timers (INT 8) als Timer-Folgeinterrupt ausgelöst. Es besteht nun die Möglichkeit, diesen Vektor auf unser Anwenderprogramm umzulegen, das dann bei jedem Timertick (18.206 x pro Sekunde) aktiviert wird.

Diesen Vorgang übernimmt nun die folgende Zeile im Hauptprogramm:

```
SetIntVec($1C, @TimerInt);
```

Damit ist aber eine einfache Maussteuerung für den Verzeichnisbaum von FCD realisiert.

MDH (Make Hidden Directory)

Thematik

Verzeichnisse können unter MS-DOS mit dem Befehl *MkDir* erstellt und mit *RmDir* gelöscht werden. Im Gegensatz zu den Dateien, deren Attribute eine wichtige Rolle spielen können, sind bei den Verzeichnissen die Attribute *ReadOnly*, *System* und *Archive* nicht von Bedeutung. Wesentlich ist jedoch auch hier das Hidden-Attribut, das ein Verzeichnis vor allzu neugierigen Datenspionen verstecken kann. Dies gilt jedoch nur bei der Verwendung der üblichen DOS-Befehle; die Utilities dieses Buches (wie Dirp, FCD, LDIR) entdecken auch versteckte Verzeichnisse. Falls jemand aber nicht mit speziellen Utilities (wie den Norton-Utilities) eine Festplatte untersucht, können versteckte Verzeichnisse lange Zeit unentdeckt bleiben. Und das, obwohl "normale" DOS-Befehle die Bearbeitung eines versteckten Verzeichnisses erlauben. Wenn der Name einmal bekannt ist, kann "ChDir" zum Wechseln in ein verstecktes Verzeichnis benützt werden, und "RmDir" entfernt es (ausprobieren !).

Zur Änderung von Verzeichnisattributen ist von DOS aus eigentlich keine direkte Möglichkeit vorgesehen. Und dennoch gibt es verschiedene Tricks, wie auch dieses Problem angegangen werden kann. Ein solcher Trick soll anhand des Programms *MDH* gezeigt werden.

Aufruf des Programms/Parameter:

MDH [Name]

Falls ein Name angegeben wird, erzeugt das Programm ein verstecktes Verzeichnis. Sonst wird eine kurze Hilfestellung ausgegeben.

Ziel/Zweck des Programms:

Illustration für das Ändern von Verzeichnisattributen. Der erzielte Datenschutz ist nicht sehr groß.

```
Version 3.0   (C) 1990-91 G. Fischer .

 Das Directory mit dem Namen TEST

 wurde erstellt !
```

Abb. 4: Bildschirmausgabe von MDH

Funktions-Schema:

MDH arbeitet nach folgendem Schema:

- ► Uberprüfung des als Parameterstring übergebenen Verzeichnisnamens.
- ► Graphikkarte bestimmen und entsprechend die Farben setzen.
- ► Falls Hilfe angefordert wurde, Ausgabe eines Hilfstextes.
- ► Verzeichnis erstellen.
- ► Hidden-Attribut setzen.
- ► Erfolgsmeldung oder Fehlerausgabe am Bildschirm.

<table>
<tr><td colspan="2">Verwendete DOS-Funktionen/Prozeduren:</td></tr>
<tr><td>Prozedur:</td><td>Verwendungszweck:</td></tr>
<tr><td>► ClrScr:</td><td>Bildschirm löschen.</td></tr>
<tr><td>► DetectGraph:</td><td>Graphikkarte bestimmen.</td></tr>
<tr><td>► DosError:</td><td>Fehlerbehandlung.</td></tr>
<tr><td>► GoToXY:</td><td>Ausgabe auf dem Bildschirm positionieren.</td></tr>
<tr><td>► Intr ($21, Regs):</td><td>Hidden - Attribut setzen.</td></tr>
<tr><td>► MkDir:</td><td>Verzeichnis erstellen.</td></tr>
<tr><td>► TextBackground,
TextAttr,
TextColor:</td><td>

Vordergrund-/Hintergrundfarbe setzen.</td></tr>
<tr><td>► Window:</td><td>Bildschirmausschnitt festlegen.</td></tr>
</table>

Verwendete Unterprogramme

Fehl Diese Prozedur gibt im Falle eines Fehlers eine Fehlermeldung am Bilschirm aus.

SetFileAttr Durch den Aufruf dieser Prozedur wird das Attribut des eben erstellten Verzeichnisses gesetzt.

```
PROCEDURE SETFILEATTR(FN:STRING; ATTR:WORD);
VAR
  REG : REGISTERS;
BEGIN
  FN:=FN+CHR(0);        {* ASCIZ ERZEUGEN *}
  REG.AX:=$4301;
  REG.CX:=ATTR;
  REG.DS:=SEG(FN[1]);
  REG.DX:=OFS(FN[1]);
  INTR($21,REG);
  IF ODD(REG.FLAGS) THEN
    DOSERROR:=REG.AX
  ELSE
    DOSERROR:=WORD(0);
  END;
```

Beim Setzen des Attributes mit der obigen Prozedur müssen folgende Punkte beachtet werden:

▶ Der Verzeichnisname muß als ASCII-String vorliegen, der durch ein Ende-Zeichen (ASCII-Code 0) abgeschlossen sein muß.

▶ Das Register DS muß die Segmentadresse des Verzeichnis-Namens enthalten.

▶ Das Register DX muß die Offsetadresse des Verzeichnis-Namens enthalten.

▶ Im Register CX wird das Attribut des Verzeichnisses übergeben. Das Attribut darf nicht als kombinierte Zahl ($12/ Directory + Hidden) übergeben werden, sondern nur als einfache Zahl ($02/ Hidden) Dies ist der ganze Trick des Programms. Falls die kombinierte Zahl ($12) übergeben wird, wird die Aktion mit einer Fehlermeldung quittiert. Der in der Fachliteratur gegebene Hinweis, daß Verzeichnisattribute nicht manipuliert werden können, ist also teilweise falsch (2, Seite 1036)

Hauptprogramm

Zuerst überprüft das Programm, ob ein gültiger Verzeichnisname ohne Pfadangabe spezifiziert wurde. Anschließend wird die Graphikkarte des Systems detektiert und die entsprechenden Bildschirmfarben werden gesetzt. Falls Hilfe angefordert wurde, wird ein Hilfstext ausgegeben und das Programm beendet. Andernfalls wird nun ein Verzeichnis mit dem angegebenen Namen erstellt und das Verzeichnisattribut auf "Hidden" (versteckt) gesetzt. Dann wird überprüft, ob bei diesen Aktionen ein Fehler aufgetreten ist. (Beispiel: Verzeichnis schon vorhanden) Je nachdem erscheint am Bildschirm eine Fehlermeldung oder eine Erfolgsmeldung.

Eigentlich ist es verblüffend, daß der in der Fachliteratur gegebene Hinweis, Verzeichnisattribute könnten nicht geändert werden, nicht richtig ist. Dies ist jedoch oft der Fall. So steht zum Beispiel in der Fachliteratur (1, Seite 813), daß sich mit dem Interrupt 21h, Funktion 56h nur Dateien, aber keine Unterverzeichnisse umbenennen lassen. Dies stimmt jedoch ebenfalls nicht. Sogar Turbopascal benützt bei seiner Prozedur *Rename* diese Funktion des Interrupt 21h. Und wie viele wissen, läßt sich damit auch ein Unterverzeichnis umbenennen (s. FCD)!

Programm - Quellcode:

```pascal
{*****************************************************************}
{*                          M D H                              *}
{*-------------------------------------------------------------*}
{*      Aufgabe  : MDH ist ein kurzes Programm, das versteckte *}
{*                 Directories erzeugt.                        *}
{*-------------------------------------------------------------*}
{*      Autor    : Georg Fischer                               *}
{*                                                             *}
{*                                                             *}
{*      entwickelt am  : 20.11.1990                            *}
{*      letztes Update : 05.12.1990                            *}
{*      3. Version      : 01.05.1991 (farbig)                  *}
{*                                                             *}
{*****************************************************************}

PROGRAM MDH;

{$R+}          {* RANGE CHECKING ON ###}
{$S+}          {* STACK CHECKING ON ###}
{$I+}          {* I/O CHECKING ON ###}
{$N-}          {* NO NUMERIC COPROCESSOR ###}
{$M 65000,0,655360 }  {* MEMORY SIZES *}


USES DOS, CRT, GRAPH;


{************************************************************}
{* LEGT VERSTECKTE DIRECTORIES AN  ... ...        *}
{************************************************************}


VAR
    NAME            : STRING[12];    {* NAME DES DIRECTORIES       *}
    FEHLER          : INTEGER;       {* FEHLERNUMMER BEI LAUFZEITF. *}
    FORE, BACK      : INTEGER;       {* VORDERGRUND, HINTERGRUND    *}
    GRAPHDRIVER     : INTEGER;       {* GRAPHIKKARTE / MODE         *}
    GRAPHMODE       : INTEGER;
    ERROR           : BOOLEAN;       {* FEHLER BEI NAMEN / ZAEHLER  *}
    I               : INTEGER;
```

```pascal
    (* FALLS EIN FEHLER AUFGETRETEN IST *)
    (* FALLS EIN FEHLER AUFGETRETEN IST *)


PROCEDURE FEHL(FEHLER: INTEGER);



BEGIN
   CLRSCR;
   TEXTBACKGROUND(BACK); TEXTCOLOR(FORE);
   WINDOW(1,3,50,10);

   WRITELN('┌──────────────────────────────────┐');
   WRITELN('│ Version 3.0  (C) 1990-91 G. Fischer .    │');
   WRITELN('│                                  │');
   WRITELN('│   Directory konnte nicht erstellt werden . │');
   WRITELN('│                                  │');

   CASE FEHLER OF
       2:WRITELN('│   Directory nicht gefunden !            │');
       3:WRITELN('│   Pfad nicht gefunden !                 │');
       5:WRITELN('│   Directory ist vorhanden, abgebrochen !  │');
      15:WRITELN('│   Laufwerksnummer unzulässig !          │');
      18:WRITELN('│   Directory nicht gefunden !            │');
     101:WRITELN('│   Diskette ist voll, abgebrochen !       │');
     103:WRITELN('│   Laufwerk ist nicht bereit, abgebrochen !│');
     150:WRITELN('│   Disk ist schreibgeschützt, abgebrochen!│');
     152:WRITELN('│   Laufwerk ist nicht bereit, abgebrochen !│');
     ELSE WRITELN('│   Unbekannter Fehler !                  │');
   END; (* CASE *)


   WRITELN('└──────────────────────────────────┘');
   WINDOW(1,1,80,25);
   TEXTCOLOR(7); TEXTBACKGROUND(0);
   GOTOXY(1,11);

   WRITELN('                                        ');
   WRITELN('                                        ');

   HALT(0);  (* ABBRECHEN *)
END; (* FEHL *)
```

```
(* ATTRIBUT SETZEN *)
(* ATTRIBUT SETZEN *)

PROCEDURE SETFILEATTR(FN:STRING; ATTR:WORD);
VAR
  REG : REGISTERS;
BEGIN
  FN:=FN+CHR(0);         ( ASCIZ ERZEUGEN)
  REG.AX:=$4301;
  REG.CX:=ATTR;
  REG.DS:=SEG(FN[1]);
  REG.DX:=OFS(FN[1]);
  INTR($21,REG);
  IF ODD(REG.FLAGS) THEN
    DOSERROR:=REG.AX
  ELSE
    DOSERROR:=WORD(0);
END;


(********)
(* MAIN *)
(********)


BEGIN

(*****************************************)
(* ABFULLEN DES EINGEGEBENEN PARAMETERS *)
(*****************************************)


NAME := PARAMSTR(1);
ERROR:= FALSE;
FOR I:=1 TO LENGTH(NAME) DO BEGIN
    IF ((NAME[I]='\') OR (NAME[I]=':')) THEN ERROR:=TRUE;
END; (* FOR *)

WRITELN;
CHECKBREAK := FALSE;


(* JE NACH GRAPHIKKARTE DIE FARBEN SETZEN *)
(* JE NACH GRAPHIKKARTE DIE FARBEN SETZEN *)

GRAPHDRIVER := DETECT;
DETECTGRAPH(GRAPHDRIVER, GRAPHMODE);
```

```pascal
CASE GRAPHDRIVER OF
  -2,2,5,7: BEGIN
             FORE := 15;  BACK := 0;
           END;
   1,3,4,9: BEGIN
             FORE := 14; BACK := 1;
           END;
  ELSE BEGIN
    FORE:= 15; BACK := 0;
  END; {* ELSE BEGIN *}
END; {* CASE *}


{* FALLS ? EINGEGEBEN: HILFE *}
{* FALLS ? EINGEGEBEN: HILFE *}

IF ((NAME[1] = '?') OR (NAME = '') OR ERROR) THEN BEGIN
   CLRSCR;
   TEXTBACKGROUND(BACK); TEXTCOLOR(FORE);
   WINDOW(1,3,35,10);

   WRITELN('┌────────────────────────┐');
   WRITELN('│ Aufruf: MDH  <NAME>     │');
   WRITELN('│                         │');
   WRITELN('│ Erstellt ein Hidden-Directory │');
   WRITELN('│ mit dem angegebenen Namen.    │');
   WRITELN('│                         │');
   WRITELN('└────────────────────────┘');
   WINDOW(1,1,80,25);
   TEXTCOLOR(7); TEXTBACKGROUND(0);
   GOTOXY(1,11);

   HALT(0);
END; {* IF *}

{$I-}
MKDIR(NAME);
{$I+}
FEHLER := IORESULT;
IF (FEHLER <> 0) THEN FEHL(FEHLER);

SETFILEATTR(NAME, $02);

FEHLER:= DOSERROR;
```

```
IF (FEHLER <> 0) THEN FEHL(FEHLER)
   ELSE BEGIN
   CLRSCR;

   (* MENU HINSCHREIBEN *)
   (* MENU HINSCHREIBEN *)

   TEXTBACKGROUND(BACK); TEXTCOLOR(FORE);
   WINDOW(1,2,55,10);
   NAME := NAME + '


   WRITELN('┌────────────────────────────────────────┐');
   WRITELN('│ Version 3.0  (C) 1990-91  G. Fischer .  │');
   WRITELN('│                                         │');
   WRITELN('│  Das Directory mit dem Namen ',NAME,'   │');
   WRITELN('│                                         │');
   WRITELN('│  wurde erstellt.                        │');
   WRITELN('│                                         │');
   WRITELN('└────────────────────────────────────────┘');
   WINDOW(1,1,80,25);
   TEXTCOLOR(7); TEXTBACKGROUND(0);
   GOTOXY(1,11);

   WRITELN('                                         ');
   WRITELN('                                         ');
END; (* IF *)

END. (* MAIN *)


                    ************
```

LDIR - Ausgabe aller Verzeichnisse einer Diskette/Festplatte

Thematik

Es gibt einige Utilities sowie den DOS-Befehl *Tree*, die alle Unterverzeichnisse eines Laufwerkes zeigen. Der entsprechende DOS-Befehl wurde jedoch bis zur PC/MS-DOS Version 3.3 sehr spärlich ausgestattet. So ziehen die angezeigten Verzeichnisse schnell am Bildschirm vorbei und können nur durch Betätigung der Tasten Ctrl-NumLock (Ctrl-S) oder durch den More-Filter vernünftig betrachtet werden. Außerdem werden die Verzeichnisattribute nicht angezeigt. Dazu kommt noch, daß zwischen den angezeigten Verzeichnissen störend viele Leerzeilen ausgegeben werden und versteckte Verzeichnisse nicht beachtet werden.

Daher wurde auch die Idee zu diesem Utility geboren, das die oben genannten Nachteile nicht aufweist. So werden versteckte Verzeichnisse gefunden und alle Verzeichnisse mit deren Attributen angezeigt. Sie werden mit voller Pfadangabe, ohne störende Leerzeilen und mit der Möglichkeit, nach jeder vollen Bildschirmseite zu warten, ausgegeben.

Daß diesbezüglich eine Marktlücke besteht, hat auch Peter Norton mit seinem Utility "LD" (List Directories) gezeigt. Sein Programm enthält wohl eine der besten Verzeichnisdarstellungen, die es unter MS-DOS gibt (neben den PC-Tools und dem Shareware-Programm Xtree).

Aufruf des Programms/Parameter:

LDIR [LW]

Als Option kann ein Laufwerksbezeichner angegeben werden, der Aufruf des Programms kann z. B. wie folgt sein:

```
LDIR A:     oder einfach
LDIR        (für das aktuelle Laufwerk)
```

Ziel/Zweck des Programms:

Es soll eine einfache Auflistung aller Verzeichnisse eines Laufwerkes erfolgen. Dies soll mit einer möglichst angenehmen Darstellung der Verzeichnisse verbunden sein. Außerdem bietet das Programm eine Information über die vorhandenen Verzeichnisattribute.

```
C:\TP\DOC                               D ----
C:\TP\BGI                               D ----
C:\TP\UTILS                             D ----
C:\TP\TURBO3                            D ----

Weiter --> eine Taste betätigen ...

Directory-Name:                         Attrib:

C:\TURBO                                D -R-H
C:\TURBO\DOSHILF                        D ----
C:\WORD                                 D ----
C:\WORD\JAHR_BER                        D ----
C:\WORD\LIZ_ANDI                        D ----
C:\WORD\LIZ_GEOR                        D ----

30 Directories gefunden

        bel. Taste drücken ...
```

Abb. 5: Bildschirmausgabe von Ldir

Funktions-Schema:

Das Programm "LDIR" arbeitet nach dem folgenden Schema:

- ► Cursoreinstellung sichern und Cursor verstecken.
- ► Graphikkarte ermitteln und die Farben entsprechend setzen.
- ► Startbild hinschreiben.
- ► Übergabeparameter prüfen.
- ► Falls nötig, eine Hilfestellung ausgeben und Programmabbruch.
- ► Bei Fehleingaben eine Fehlermeldung ausgeben und Programmabbruch
- ► 1.   Überschrift hinschreiben.
- ► Beliebige Datei auf Medium suchen. Falls keine gefunden wird, bricht das Programm mit einer Fehlermeldung ab.
- ► Schleife: Beliebige Dateieinträge suchen.
    - ■ Falls Eintrag ein Verzeichnis ist, dann ...
        - - Verzeichnis-Attribut bestimmen.

....
```
        -    Verzeichnis-Pfad bestimmen.
        -    Verzeichnis und dessen Attribut hinschreiben.
        -    Alle zwölf Einträge auf Tastendruck warten.
        -    Falls "ESC"-Taste gedrückt wird, Programm verlassen.
        -    Rekursion: Aufruf derselben Prozedur eine Ebene tiefer.
        -    Nächsten Eintrag auf gleicher Ebene suchen.
```
► Schleifenende.
► Total an gefundenen Verzeichnissen hinschreiben.

Verwendete DOS-Funktionen/Prozeduren

Prozedur:	Verwendungszweck:
► ClrScr:	Bildschirm löschen.
► Delay:	Programmverzögerung (in MilliSekunden).
► DetectGraph:	Graphikkarte bestimmen.
► DosError:	Fehlerbehandlung. (wie IoResult)
► FindFirst, FindNext::	Verzeichniseinträge ermitteln.
► GetDir:	Aktuelles Verzeichnis bestimmen.
► GoToXY:	Ausgabe auf dem Bildschirm positionieren.
► Intr ($10, Regs):	Cursor holen, verstecken und am Ende wieder sichtbar machen.
► KeyPressed:	Prüft, ob eine Taste gedrückt wird.
► ReadKey:	Zeichen von der Tastatur lesen.
► TextAttr, TextBackGround, TextColor:	Vordergrund-/Hintergrundfarbe setzen.
► Window:	Bildschirmausschnitt festlegen.

Verwendete Unterprogramme:

GetCursor   speichert die aktuellen Cursoreinstellungen, so daß sie nach dem Programmende wieder restauriert werden können (Interrupt 10h).

HideCursor   ist eine kurze Prozedur, die ebenfalls auf den Interrupt 10h zugreift. Sie läßt den Cursor vom Bildschirm verschwinden, da es optisch störend ist, wenn in einer Bildschirmmaske der Cursor irgendwo herumhängt.

ShowCursor   läßt den Cursor beim Programmende wieder erscheinen. Dabei werden die von -> *GetCursor* gesicherten Daten wieder gesetzt. Dies gewährt, daß unabhängig von der vorherigen Cursorform wieder derselbe Cursor gesetzt wird.

Ende   setzt die Bildschirmattribute zurück, schreibt eine Schlußmeldung an den Bildschirm und beendet anschließend das Programm.

FF   sucht die ganze Festplatte nach Verzeichnissen ab. Gefundene Verzeichnisse werden mit voller Pfadangabe und Attribut am Bildschirm ausgegeben. Zum besseren Verständnis der Arbeitsweise wird für diese wesentliche Prozedur ein Flußdiagramm angegeben.

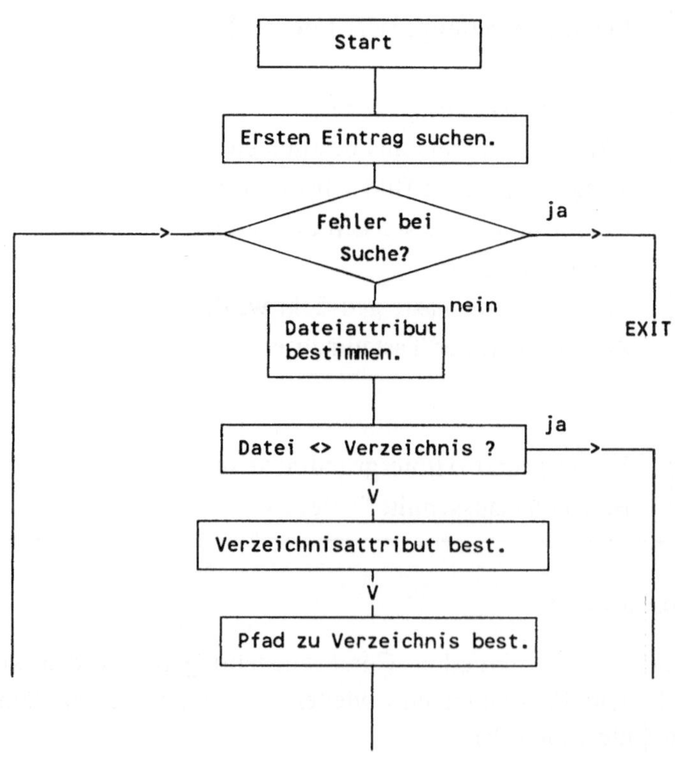

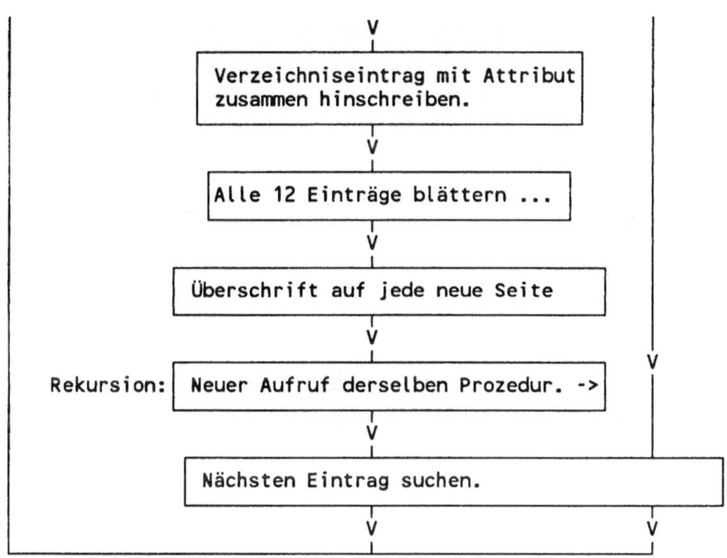

Hauptprogramm

Zuerst sichert das Programm die Cursoreinstellung und versteckt anschließend den Cursor. Danach wird die Graphikkarte detektiert und die Bildschirmfarben werden entsprechend gesetzt. Nach dem Startbild wird geprüft, ob Hilfe zum Programm angefordert wurde. Falls ja, wird ein Hilfstext ausgegeben und das Programm anschließend beendet. Andernfalls wird die erste Überschrift geschrieben und geprüft, ob das angegebene Laufwerk lesbar ist.

Nun wird in die Prozedur *FF* verzweigt, die die Verzeichnisse rekursiv sucht. Deren Arbeitsweise ist im obigen Flußdiagramm angegeben. Die Prozedur ruft sich selbst so oft auf, bis auch das tiefste Unterverzeichnis der Festplatte gefunden wurde. Daher muß darauf geachtet werden, daß die mit der Compileroption {$M} spezifizierte Stackgröße nicht zu klein gewählt wird. Andernfalls bricht das Programm bei einer Festplatte mit vielen Verzeichnissen mit einem StackÜberlauf-Fehler (Laufzeitfehler 202) die Ausführung ab.

Programm-Quellcode

Wegen der Länge des gesamten Programms wird nur der interessante Teil - die Prozedur FF - hier abgedruckt. Auf den dem Buch beiliegenden Disketten steht Ihnen aber der gesamte Quellcode zur Verfügung.

```pascal
{***************************************************************}
{* REKURSIVE SUCHE DURCH DEN VERZEICHNISBAUM DER HARDDISK/DISK  *}
{***************************************************************}

PROCEDURE FF(PFAD : STRING);

VAR SUCHE        : SEARCHREC;  {* SUCHRECORD FUER DIRECTORY-SUCHE *}

BEGIN


  {* SUCHE ERSTES SUBDIR. IM BETREFFENDEN DIRECTORY *}
  {* SUCHE ERSTES SUBDIR. IM BETREFFENDEN DIRECTORY *}

  FINDFIRST(PFAD+'*.*',$37,SUCHE);


  {* SOLANGE KEIN FEHLER AUFTRITT UND DATEIEN GEFUNDEN WERDEN *}
  {* SOLANGE KEIN FEHLER AUFTRITT UND DATEIEN GEFUNDEN WERDEN *}

  WHILE (DOSERROR = 0) DO BEGIN

    DIR_FLAG := FALSE;
    CASE SUCHE.ATTR OF
      16..23: DIR_FLAG:=TRUE;
      48..55: DIR_FLAG:=TRUE;
    END; {* CASE *}


    {* FALLS GUELTIGER DIR-EINTRAG GEFUNDEN WIRD    *}
    {* FALLS GUELTIGER DIR-EINTRAG GEFUNDEN WIRD    *}

    IF (DIR_FLAG) AND (SUCHE.NAME <> '.') AND
       (SUCHE.NAME <> '..') THEN BEGIN


      {* DIRECTORY-ATTRIBUT FESTLEGEN *}
      {* DIRECTORY-ATTRIBUT FESTLEGEN *}

      CASE SUCHE.ATTR OF
        16: ATTRIB :='D ----';
        17: ATTRIB :='D -R--';
        18: ATTRIB :='D ---H';
        19: ATTRIB :='D -R-H';
```

```
      20: ATTRIB :='D --S-';
      21: ATTRIB :='D -RS-';
      22: ATTRIB :='D --SH';
      23: ATTRIB :='D -RSH';

      48: ATTRIB :='D A---';
      49: ATTRIB :='D AR--';
      50: ATTRIB :='D A--H';
      51: ATTRIB :='D AR-H';
      52: ATTRIB :='D A-S-';
      53: ATTRIB :='D ARS-';
      54: ATTRIB :='D A-SH';
      55: ATTRIB :='D ARSH';
END; {* CASE *}


{* DIRECTORYNAMEN + PFAD AUF FIXE LAENGE TRIMMEN *}
{* DIRECTORYNAMEN + PFAD AUF FIXE LAENGE TRIMMEN *}

DISK := PFAD + SUCHE.NAME;
FOR I:= LENGTH(DISK) + 1 TO 45 DO BEGIN
    DISK := DISK + CHR(32);      {* MIT BLANKS AUFFUELLEN *}
END; {* FOR *}

{* DIRECTORY MIT ATTRIBUT HINSCHREIBEN *}
{* DIRECTORY MIT ATTRIBUT HINSCHREIBEN *}

WRITELN(DISK,'  ',ATTRIB);
ZAEHLER := ZAEHLER + 1;



{* DELTA = 0: BLAETTERN, FALLS DARSTELLUNG NICHT AUF SEITE
             PASST *}
{* DELTA = 0: BLAETTERN, FALLS DARSTELLUNG NICHT AUF SEITE
             PASST *}

DELTA:=FRAC(ZAEHLER/12.00);

IF (DELTA < 0.01) AND (ZAEHLER > 0) THEN BEGIN
  WRITELN('                                          ');

  WRITELN('Weiter --> eine Taste betätigen ...       ');
  WRITELN('                                          ');
```

```
      WHILE (NOT KEYPRESSED) DO BEGIN
         DELAY(10);
      END; {* WHILE *}
      CH:=READKEY;
      IF (CH = CHR(27)) THEN BEGIN
         TEXTBACKGROUND(0); TEXTCOLOR(7);
         WINDOW(1,1,80,25);
         CLRSCR;
         SHOWCURSOR;
         IF (BACK = 1) THEN
           TEXTATTR := 30
         ELSE
           TEXTATTR := 7;

         WRITELN('Auf Wiedersehen - Ihr LDIR Version 3.0 (C)',
              ' 1990-91 ','G. Fischer');
         TEXTATTR := 7;
         HALT(0);
      END; {* IF *}


      IF (CH = CHR(0)) THEN CH:=READKEY;
   END; {* IF *}



   {* UEBERSCHRIFT AUF JEDER SEITE *}
   {* UEBERSCHRIFT AUF JEDER SEITE *}

   IF (DELTA < 0.01) THEN BEGIN
     WRITELN('Directory-Name:                              ',
           ' Attrib: ');
     WRITELN('                                             ');
   END; {* IF *}



   {* REKURSIVER AUFRUF EINE EBENE TIEFER *}
   {* REKURSIVER AUFRUF EINE EBENE TIEFER *}

   FF(PFAD+SUCHE.NAME+'\');

 END; {* IF *}


 FINDNEXT(SUCHE); {* NAECHSTES SUBDIRECTORY SUCHEN AUF GLEI- *}
               {* CHER EBENE *}
```

```
     END; (* WHILE *)
     END; (* PROZEDUR FF *)
```

****

4.3 Datenschutz

Lock

Thematik:

Für viele PC-Benützer spielt die Datensicherheit eine große Rolle. Sowohl Daten, die personenbezogen sind, als auch Quelltexte von Programmen sollten nicht Unbefugten in die Hände fallen.

Mit dem vorliegenden Programm *Lock* wird ebenfalls eine Lücke des Betriebssystems MS-DOS gefüllt. Sie können einen Quelltext derart verschlüsseln (codieren), daß eine Entschlüsselung ohne Kenntnis der verwendeten Passwörter unmöglich wird. Zur Erhöhung der Sicherheit wird der ASCII-Code des Quelltextes nicht nur mit einem Zufallsalgorithmus verschlüsselt, sondern zusätzlich mit einer systematischen Vertauschung der ASCII-Zeichen. Das Ergebnis der Codierung ist ein absolut unlesbarer ASCII-Code mit "zufälligen" ASCII-Zeichen im Bereich von ASCII 0 bis 255.

Wer dann immer noch befürchtet, seine Texte könnten von irgendeinem Geheimdienst in mühsamer "Knochenarbeit" doch noch geknackt werden, der hat mit dem vorliegenden Programm die Möglichkeit der Mehrfachcodierung. Diese macht eine Entschlüsselung ohne die entsprechenden Passwörter absolut unmöglich.

Im Prinzip wird zwischen verschlüsseln (codieren) und entschlüsseln (decodieren) nicht unterschieden. Es ist also möglich, den Quelltext mit einem bestimmten Passwort zu verschlüsseln und anschließend den codierten Text mit demselben Programmaufruf wieder zu decodieren (mit demselben Passwort). Der mehrfache Aufruf des Programms mit verschiedenen Passwörtern führt zu einer Mehrfachcodierung. Bei der Decodierung eines mehrfach codierten Textes müssen natürlich die Passwörter in der umgekehrten Reihenfolge eingegeben werden - sonst entsteht ein Chaos!

Zur Sicherheit wird das verwendete Passwort jeweils zwei Male abgefragt. Nur wenn die beiden Versionen übereinstimmen, wird eine Datei codiert. Damit werden zwei häufige Fehler eliminiert: Sogenannte Tippfehler als auch das schnelle Vergessen des eben eingegebenen Passwortes.

Es können beliebige Dateien codiert werden, also auch *EXE*- oder *COM*-Dateien. Das Programm codiert den Quelltext Byte für Byte, so daß das verwendete Datenformat keine Rolle spielt.

Falls es mitten während des Codierens einen Stromausfall gibt, so gehen keine Daten verloren. Die Quelldatei wird erst dann physikalisch gelöscht, wenn die codierte Version vollständig ist.

Zum physikalischen Löschen der ursprünglichen Datei wird derselbe Algorithmus verwendet wie für das Programm *WIPE*. Die so gelöschten Daten können unmöglich rekonstruiert werden.

Zum Schluß sei noch darauf hingewiesen, daß das Vergessen der verwendeten Passwörter einem absoluten Datenverlust gleichkommt. Auch der Autor dieses Programms kann in einem solchen Fall nicht mehr weiterhelfen!

Aufruf des Programms/Parameter:

Lock [Datei.ext] z.B.

```
Lock *.PAS          oder
Lock X.DOC
```

Falls kein Dateiname angegeben wird, gibt das Programm einen kurzen Hilfetext aus. Beim Dateinamen können Wildcards verwendet werden.

Ziel/Zweck des Programms:

Codieren von Quelltexten mit dem Zweck, daß Unbefugte nicht mehr darauf zugreifen können. Nur noch der autorisierte Benützer mit der entsprechenden Passwortkenntnis kann auf die Texte/Programme zugreifen.

```
    Passwort : 1-8 Zeichen . Weitere Zeichen werden ignoriert.
    1. Abfrage, Passwort: [unlesbar]

    Passwort : 1-8 Zeichen . Weitere Zeichen werden ignoriert.
    Sicherheitsabfrage, Passwort: [unlesbar]

            Ich codiere die Datei    BUCH.TXT
            Originalfile Überschrieben. Gelöscht ...

            Ich codiere die Datei    JONA.TXT
            Originalfile Überschrieben. Gelöscht ...

            Bel. Taste drücken ...
```

Abb. 6: Bildschirmausgabe von Lock

Funktions-Schema:

Lock arbeitet nach folgendem Schema:

- ▶ Graphikkarte bestimmen und entsprechend die Farben setzen.
- ▶ Variablen initialisieren.
- ▶ Cursor sichern und verstecken.
- ▶ Startbild hinschreiben.
- ▶ Falls Hilfe angefordert wird, Ausgabe eines Hilfstextes und Programmende.
- ▶ Passworteingabe und -kontrolle.
- ▶ Dateien suchen, die codiert werden sollen.
- ▶ Namen der Dateien in Variable zwischenspeichern.
- ▶ Schleife: Solange noch Originaldateien nicht codiert,
  - ■ Nächste Originaldatei codieren, nämlich
  - ■ Blockweise die Originaldatei in Puffer lesen.
  - ■ Puffer codieren.
  - ■ Blockweise den Puffer in neue Datei schreiben.
  - ■ Originaldatei physikalisch löschen, nämlich
  - ■ Blockweise die Originaldatei mit ASCII 0 überschreiben.
  - ■ Neue, codierte Dateien auf die alten Namen umbenennen.
- ▶ Schleifenende.
- ▶ Schlußmeldung des Programms ausgeben.
- ▶ Programmende.

<table>
<tr><td colspan="2">Verwendete DOS-Funktionen/Prozeduren:</td></tr>
<tr><td>Prozedur:</td><td>Verwendungszweck:</td></tr>
<tr><td>▶ Assign:</td><td>einer Datei-Variablen eine externe Datei zuordnen.</td></tr>
<tr><td>▶ Blockread,-write</td><td>Blockweises Lesen/Schreiben einer Datei.</td></tr>
<tr><td>▶ Close:</td><td>Datei schliessen.</td></tr>
<tr><td>▶ ClrScr:</td><td>Bildschirm löschen.</td></tr>
<tr><td>▶ Delay:</td><td>Programmverzögerung.</td></tr>
<tr><td>▶ DetectGraph:</td><td>Graphikkarte bestimmen.</td></tr>
<tr><td>▶ DosError:</td><td>Fehlerbehandlung. (wie IoResult)</td></tr>
<tr><td>▶ Erase:</td><td>Datei löschen.</td></tr>
<tr><td>▶ FindFirst,
FindNext::</td><td>Verzeichniseinträge ermitteln.</td></tr>
<tr><td>▶ GoToXY:</td><td>Ausgabe auf dem Bildschirm positionieren.</td></tr>
<tr><td>▶ Intr ($10, Regs):</td><td>Cursor sichern/verstecken/restaurieren.</td></tr>
<tr><td>▶ Random:</td><td>Zufallszahl erzeugen.</td></tr>
<tr><td>▶ Rename:</td><td>Datei umbenennen.</td></tr>
<tr><td>▶ Reset:</td><td>eine existierende Datei öffnen.</td></tr>
<tr><td>▶ Rewrite:</td><td>eine neue Datei erzeugen und öffnen.</td></tr>
<tr><td>▶ SetFAttr:</td><td>Dateiattribut setzen.</td></tr>
<tr><td>▶ TextBackground,
TextAttr,
TextColor:</td><td>

Vordergrund-/Hintergrundfarbe setzen.</td></tr>
<tr><td>▶ Window:</td><td>Bildschirmausschnitt festlegen.</td></tr>
</table>

Verwendete Unterprogramme:

GetCursor   speichert die aktuellen Cursoreinstellungen, so daß sie nach dem Programmende wieder restauriert werden können. (Interrupt 10h)

HideCursor   ist eine kurze Prozedur, die ebenfalls auf den Interrupt 10h zugreift. Sie läßt den Cursor vom Bildschirm verschwinden, da es optisch störend ist, wenn in einer Bildschirmmaske der Cursor irgendwo herumhängt.

ShowCursor   läßt den Cursor beim Programmende wieder erscheinen. Dabei werden die von -> GetCursor gesicherten Daten wieder gesetzt. Dies gewährt, daß unabhängig von der vorherigen Cursorform wieder derselbe Cursor gesetzt wird. Ein Block-Cursor ist nach dem Programmende wieder ein Block-Cursor.

Fehl   gibt eine Fehlermeldung aus, wenn im Programm irgend ein Fehler aufgetreten ist. Anschließend wird das Programm beendet.

Totdel   löscht eine Datei physikalisch, indem der gesamte Datenbereich mit ASCII 0 überschrieben wird.

Copyfile   kopiert eine Datei und codiert sie gleichzeitig. Dazu wird die Datei blockweise in eine Puffervariable gelesen, dann wird der Puffer codiert und anschließend auf die Disk zurückgeschrieben.

Hauptprogramm

Nachdem die Graphikkarte detektiert ist und die Farben entsprechend gesetzt sind, wird die Cursoreinstellung gesichert und der Cursor versteckt. Anschließend wird das Startbild gezeigt und das Programm wertet den Übergabeparameter aus. Falls Hilfe angefordert wurde, wird nun ein Hilfstext ausgegeben und das Programm beendet. Andernfalls wird das Passwort zwei Mal abgefragt. Nur falls beide eingegebenen Varianten übereinstimmen, beginnt die eigentliche Hauptaufgabe des Programms. Die Dateinamen mit ihren zugehörigen Pfaden werden in einem Array gespeichert, die Dateien codiert und anschließend physikalisch gelöscht.

Zentrale Codier-Routine

Wegen der Länge des Quelltextes wird dieser hier nicht abgedruckt. Auf den dem Buch beiliegenden Disketten ist jedoch das ganze Programm vorhanden. An Stelle des Quellprogramms wird der zentrale Teil des Programms - die Codierung des Puffers - hier besprochen.

```
RANDSEED := 0;

FOR I:= 1 TO LENGTH(PASSWORD) DO BEGIN
    HIGH:=ORD(PASSWORD[I]);
    FOR M:=2 TO I DO BEGIN
        HIGH:=HIGH*10;
    END; (* FOR *)
    RANDSEED := RANDSEED + HIGH;
END; (* FOR *)


FOR I := 1 TO 2048 DO BEGIN
  IF (BUFFER[I] <> CHR(0)) THEN BEGIN
    BIT := ORD(BUFFER[I]);
    ASC := BIT;
    ASC := 255 - ASC;

    ASC := ASC + RANDOM(128);
    IF (ASC > 255) THEN
        ASC:=ASC-255;

    IF (ASC <> 0) THEN  BIT := ASC;
    BUFFER[I] := CHR(BIT);

   END; (* IF *)
END; (* FOR *)
```

Bevor die eigentliche Codierung des Puffers beginnen kann, muß ein Startwert für den Zufallsgenerator vorgegeben werden, der in eindeutiger Beziehung zum eingegebenen Passwort steht. Dazu bietet sich unter Turbopascal 4.0 bis 6.0 die Variable *Randseed* vom Typ "Longint" an. *Randseed* kann auf irgend einen Wert zwischen -4.294.967.296 und 4.294.967.295 gesetzt werden. Das ergibt über 8.000.000.000 Möglichkeiten, wie die Zufallszahlenfolge initialisiert werden kann. Um nun eine eindeutige Beziehung zwischen dem eingegebenen Passwort und einer Zahl herzustellen, gibt es beliebig viele Möglichkeiten. Eine besteht darin, für jeden Buchstaben oder jede eingegebene Ziffer den entsprechenden ASCII-Wert zu nehmen. Je nach Position im Passwort (1. Stelle, 2. Stelle, ... n. Stelle) wird nun der ASCII-Wert mit der entsprechenden 10-er Potenz multipliziert. (10^1, 10^2, 10^n)

Die Summe aller so erhaltenen Werte ergibt den Startwert für *Randseed*.

Wie man sich leicht überzeugen kann, sind die Kombinationsmöglichkeiten bei Passwörtern mit mehr als 3 Zeichen immens. Eine "zufällige" Decodierung ist daher sehr unwahrscheinlich (trotz einer gewissen Periodizität des "Zufallszahlen"-Generators).

Die eigentliche Codierung beginnt aber erst jetzt: Zuerst wird jedes ASCII-Zeichen beim 255. Zeichen "gespiegelt". Dazu wird der ASCII-Wert des Zeichens bestimmt, der Buchstabe "A" hat beispielsweise den Wert 65. *(Ord("A") = 65)* Daraus wird dann 255 - 65 = ASCII 190. Anschließend wird zum ASCII-Wert eine Zufallszahl zwischen 0 und 127 hinzu addiert. Falls der Wert nun größer als 255 wird, subtrahiert der verwendete Algorithmus die Zahl 255. Der so erhaltene Wert wird in ein ASCII-Zeichen zurückverwandelt. Wie man sich leicht überzeugen kann, entsteht so ein "ASCII-Salat", der nicht mehr vernünftig lesbar ist. Anhand eines Beispiels sieht man auch, daß der Algorithmus zum ursprünglichen Zeichen zurückführt, wenn man ihn ein zweites Mal anwendet. Mit zwei Einschränkungen jedoch:

1) Dasselbe Passwort bzw. derselbe Startwert für die Zufallszahlenfolge muß vorgegeben werden. Der Pseudozufallszahlengenerator produziert für denselben Startwert immer dieselbe "Zufallszahlenfolge".

2) Der ASCII-0-Wert wird nicht korrekt "zurückübersetzt". Er muß daher von jeder Umwandlung ausgenommen werden.

Damit ist aber der zentrale Punkt des Programms erläutert: Jedes Byte der Quelldatei wird so übersetzt und anschließend wieder auf die Disk zurückgeschrieben.

Und nun ein Aufruf an alle Hacker: Wer als Erster diese Codier - Methode knackt, erhält 500 DM. Dazu muß aber der Lösungsweg (die Knackmethode) dem Autor dieses Buches schriftlich zugestellt werden. Eine Testdatei, die dazu entschlüsselt werden muß (von 60 kByte Umfang) befindet sich auf der dem Buch beiliegenden Diskette.

Wipe

Thematik

Viele PC-Benützer denken, daß ihre Daten vernichtet seien, wenn sie den DOS-Befehl *Del* oder *Erase* verwendet haben. Dies kann bei strengen Sicherheitsaspekten ein folgenschwerer Irrtum sein. Mit einem Diskettenmonitor wie den Norton Utilities ist es einfach, von MS-DOS gelöschte Dateieinträge wieder hervorzuholen. Dies ist deshalb möglich, weil nicht etwa die zu löschende Datei physikalisch gelöscht, sondern nur der erste Buchstabe beim Verzeichniseintrag entfernt wird, sowie die Datei in der FAT (File Allocation Table) zum Überschreiben freigegeben wird. Damit bleibt aber die ganze Datei solange auf der Disk(ette), bis der von MS-DOS zum Überschreiben freigegebene Bereich tatsächlich überschrieben wird - und das kann unter Umständen lange dauern.

Daß eine Datei vom Betriebssystem nicht physikalisch gelöscht wird, ist nun aber aus zwei Gründen positiv zu werten:

1)   Es entsteht eine große Zeiteinsparung in all den Fällen, in denen nicht absolute Sicherheit verlangt wird. Das Löschen eines Buchstabens vom Verzeichniseintrag dauert viel kürzer als das physikalische Löschen einer ganzen Datei.

2)   In all den Fällen, wo eine Datei aus Versehen gelöscht wurde, ist es möglich, sie mit geeigneten Mitteln wieder hervorzuholen.

In allen anderen Fällen, wo Daten sicher und endgültig vernichtet werden sollen, braucht der Benützer jedoch ein Programm, das seine Daten physikalisch löscht. Das Programm *Wipe* erfüllt diese Voraussetzung.

Aufruf des Programms/Parameter:

WIPE Datei.ext   oder
```
WIPE *.Txt                    etc.
```
Falls kein Dateiname angegeben wird, gibt das Programm eine kurze Hilfsstellung aus. Beim Dateinamen können Wildcards verwendet werden. Vorsicht: Beim Aufruf *Wipe* *.* werden nach einer Sicherheitsabfrage alle Dateien im betroffenen Verzeichnis vernichtet. Es gibt keine Möglichkeit, die Daten zurückzuholen.

Ziel/Zweck des Programms:

Totale und damit sichere Vernichtung von Daten (Physikalisches Löschen).

```
        Sind Sie sicher ? j

        Ich lösche die Datei      BUCH.SIK
        Überschrieben. Gelöscht ...

        Ich lösche die Datei      KRANK34.SIK
        Überschrieben. Gelöscht ...

        Ich lösche die Datei      Z.SIK
        Überschrieben. Gelöscht ...


        Bel. Taste drücken ...
```

Abbildung 7: Bildschirmausgabe von Wipe

Funktions-Schema:

Wipe arbeitet nach folgendem Schema:

- ► Cursor sichern und verstecken.
- ► Graphikkarte bestimmen und entsprechend die Farben setzen.
- ► Startbild hinschreiben.
- ► Variablen initialisieren.
- ► Falls Hilfe angefordert wird, Ausgabe eines Hilfstextes und Programmende.
- ► Dateien suchen, die gelöscht werden sollen.
- ► Namen der Dateien in Variable zwischenspeichern.
- ► Schleife: Solange Originaldateien vorhanden,
  - ■ Originaldatei physikalisch löschen, dazu
       Blockweise die Originaldatei mit ASCII 0 überschreiben.
  - ■ Nächste Datei nehmen.
- ► Schleifenende.
- ► Schlußmeldung auf den Bildschirm schreiben.
- ► Programmende.

<table>
<tr><td colspan="2">Verwendete DOS-Funktionen/Prozeduren:</td></tr>
<tr><td>Prozedur:</td><td>Verwendungszweck:</td></tr>
<tr><td>▸ Assign:</td><td>einer Datei-Variablen eine externe Datei zuordnen.</td></tr>
<tr><td>▸ Blockread,-write</td><td>Blockweises Lesen/Schreiben einer Datei.</td></tr>
<tr><td>▸ Close:</td><td>Datei schließen.</td></tr>
<tr><td>▸ ClrScr:</td><td>Bildschirm löschen.</td></tr>
<tr><td>▸ Delay:</td><td>Programmverzögerung.</td></tr>
<tr><td>▸ DetectGraph:</td><td>Graphikkarte bestimmen.</td></tr>
<tr><td>▸ DosError:</td><td>Fehlerbehandlung.</td></tr>
<tr><td>▸ Erase:</td><td>Datei löschen.</td></tr>
<tr><td>▸ FindFirst,
FindNext:</td><td>Verzeichniseinträge ermitteln.</td></tr>
<tr><td>▸ GoToXY:</td><td>Ausgabe auf dem Bildschirm positionieren.</td></tr>
<tr><td>▸ Intr ($10, Regs):</td><td>Cursor sichern/verstecken/restaurieren.</td></tr>
<tr><td>▸ Keypressed:</td><td>Taste gedrückt? (Boolean)</td></tr>
<tr><td>▸ Reset:</td><td>eine existierende Datei öffnen.</td></tr>
<tr><td>▸ SetFAttr:</td><td>Dateiattribut setzen.</td></tr>
<tr><td>▸ TextBackground,
TextAttr,
TextColor:</td><td>

Vordergrund-/Hintergrundfarbe setzen.</td></tr>
<tr><td>▸ Window:</td><td>Bildschirmausschnitt festlegen.</td></tr>
</table>

Verwendete Unterprogramme

GetCursor	speichert die aktuellen Cursoreinstellungen, so daß sie nach dem Programmende wieder restauriert werden können (Interrupt 10h).
HideCursor	ist eine kurze Prozedur, die ebenfalls auf den Interrupt 10h zugreift. Sie läßt den Cursor vom Bildschirm verschwinden, da es optisch störend ist, wenn in einer Bildschirmmaske der Cursor irgendwo herumhängt.
ShowCursor	läßt den Cursor beim Programmende wieder erscheinen. Dabei werden die von -> *GetCursor* gesicherten Daten

wieder gesetzt. Dies gewährt, daß unabhängig von der vorherigen Cursorform wieder derselbe Cursor gesetzt wird. Ein Block-Cursor ist nach dem Programmende wieder ein Block-Cursor.

Fehl   gibt eine Fehlermeldung aus, wenn im Programm irgend ein Fehler aufgetreten ist. Anschließend wird das Programm beendet.

Help   gibt einen Hilfstext aus, wenn als Parameter gar nichts oder ein Fragezeichen übergeben wird.

Totdel   löscht eine Datei physikalisch, indem der gesamte Datenbereich mit "ASCII 0" überschrieben wird.

Hauptprogramm

Wie bei allen Programmen wird zuerst die Cursoreinstellung gesichert und anschließend der Cursor versteckt. Anschließend wird die Graphikkarte detektiert und die Farben für das Programm werden entsprechend gesetzt. Nach der Ausgabe des Startbildes werden die Variablen initialisiert und der Übergabeparameter *ParamStr(1)* ausgewertet. Falls kein Parameter oder ein Fragezeichen dem Programm übergeben werden, wird ein Hilfstext ausgegeben und das Programm beendet. Andernfalls werden die zu löschenden Dateien gesucht und deren Namen in einem Array abgelegt.

Daraufhin folgt der Hauptteil des Programms: Die Dateiattribute werden entfernt und die Dateien physikalisch gelöscht, indem der Dateiinhalt durch blockweises Schreiben von ASCII 0 überschrieben wird.

Zentrale Lösch-Routine

Wegen der Länge des Quellprogramms wird dieses hier nicht abgedruckt. Auf den dem Buch beigelegten Disketten ist jedoch das ganze Programm vorhanden. An Stelle des Quellprogramms wird der zentrale Teil des Programms - das physikalische Überschreiben der Daten - besprochen.

```
{**************************************************************}
{* LOESCHT EINE DATEI PHYSIKALISCH ...                        *}
{**************************************************************}

PROCEDURE TOTDEL(FILENAME: STRING);

CONST BUFSIZE =  2048;                   (* PUFFERGROESSE           *)


VAR DEST     : FILE;                     (* DESTINATION-FILE        *)
    ZAEHLER  : LONGINT;                  (* ZAEHLER (ANZAHL BYTES)  *)
    I        : INTEGER;                  (* ZAEHLER                 *)
    GROESSE  : LONGINT;                  (* DATEIGROESSE            *)
    BUFFER   : ARRAY [1..BUFSIZE] OF CHAR; (* LESE/SCHREIB-PUFFER}

BEGIN
   ASSIGN (DEST, FILENAME);

   FOR I:=1 TO 2048 DO BEGIN
     BUFFER[I]:=CHR(0);
   END; (* FOR *)



   RESET(DEST,1);
   FEHLER:=IORESULT;


   (* AUFTRETENDE FEHLER ABFANGEN *)
   (* AUFTRETENDE FEHLER ABFANGEN *)

   IF (FEHLER <> 0) THEN FEHL(FEHLER);

   GROESSE := FILESIZE(DEST);
   ZAEHLER := 0;


   (* SOLANGE DIE GROESSE DER DATEI NICHT ERREICHT IST,          *)
   (* UEBERSCHREIBE DATEI                                        *)

   WHILE (ZAEHLER < GROESSE) DO BEGIN

     IF ((GROESSE - ZAEHLER) >= BUFSIZE) THEN BEGIN

       BLOCKWRITE(DEST, BUFFER, BUFSIZE);
```

```
              FEHLER:=IORESULT;

              (* AUFTRETENDE FEHLER ABFANGEN *)
              (* AUFTRETENDE FEHLER ABFANGEN *)

              IF (FEHLER <> 0) THEN FEHL(FEHLER);

              INC(ZAEHLER, BUFSIZE);
          END

        ELSE BEGIN

              BLOCKWRITE(DEST, BUFFER, GROESSE - ZAEHLER);
              FEHLER:=IORESULT;

              (* AUFTRETENDE FEHLER ABFANGEN *)
              (* AUFTRETENDE FEHLER ABFANGEN *)

              IF (FEHLER <> 0) THEN  FEHL(FEHLER);

              INC(ZAEHLER, GROESSE - ZAEHLER);
          END; (* IF *)

        END; (* WHILE *)

        CLOSE(DEST);

      END;  (* PROZEDUR TOTDEL *)
```

Zu Beginn der Prozedur *TotDel* wird ein Puffer von 2048 Byte Größe bereitgestellt, in dem sich nur die Zeichen "ASCII 0" befinden. Dieser Puffer wird später gebraucht, um die Dateien zu überschreiben. Viele Leser werden sich nun fragen, warum gerade eine Puffergröße von 2048 Byte gebraucht wird. In der Tat wäre fast jede beliebige Größe für den Puffer möglich. Bei Festplatten ist jedoch ein Cluster gerade 2048 Byte groß und der Speicherplatz für die Dateien wird "clusterweise" vergeben. Auch eine ganz kleine Datei (24 Bytes) verbraucht so eigentlich 2048 Byte. Wenn nun aber clusterweise geschrieben wird (oder in noch größeren Teilen) und nicht in Bruchstücken davon, so geht das einfach schneller.

Nach der Definition des Puffers wird die zu löschende Datei geöffnet und die Dateigröße bestimmt. Anschließend wird die Datei blockweise überschrieben und zwar folgendermaßen:

▶ Solange der Dateirest (nicht überschriebener Dateiteil) ein Mehrfaches von 2048 Bytes beträgt, wird in Blöcken von 2048 Byte geschrieben.

▶ Am Schluß der Datei (kleiner Rest < 2048 Byte, oder wenn die Datei sehr klein war auch am Anfang) wird die Restgröße bestimmt und genau so viel Bytes überschrieben wie übrigbleiben. (bis zum End Of File Marker, falls vorhanden).

Alle Dateioperationen werden auf Fehlerbedingungen geprüft. Falls zum Beispiel die Disk schreibgeschützt war, bemerkt dies jedes Programm dieser Sammlung sofort und bricht mit einer entsprechenden Fehlermeldung ab.

Attr

Thematik

Außer den besprochenen Möglichkeiten des Datenschutzes gibt es noch eine einfache Möglichkeit, die selbst erstellten Daten vor versehentlichem Löschen oder Überschreiben zu bewahren. Diese besteht darin, die Dateiattribute zu benützen, die MS-DOS zur Verfügung stellt. Sobald bei einer Datei das *ReadOnly*-Attribut gesetzt wird, kann die Datei nicht mehr mit dem DOS-Befehl *Del* bzw. *Erase* gelöscht werden. Das Betriebssystem meldet die Nachricht "Zugriff verweigert" und bricht den Befehl ab. Wenn sogar die Dateiattribute *Hidden* oder *System* gesetzt sind, finden die Löschbefehle von DOS die so geschützten Dateien nicht mehr. Außerdem erscheinen diese Dateien nicht mehr beim *Directory*-Listing von DOS.

Einige Programme dieser Utility-Sammlung finden aber alle Dateien (Dirp, Fhide) und löschen sie auch (Wipe). Deshalb sollten diese Utilities immer mit Vorsicht eingesetzt werden, da besonders mit *Wipe* großer Schaden angerichtet werden kann. Nun werden Sie sich sicher fragen, wozu ein Attribut-Befehl programmiert werden soll, da doch MS-DOS das Programm *Attrib* zur Verfügung stellt. *Attrib* kann jedoch bis zu DOS 3.3 nur die Attribute *ReadOnly* und *Archive* setzen oder löschen. Für die zwei anderen Dateiattribute muß ein Utility wie das Programm *Attr* verwendet werden. *Attr* ermöglicht das Setzen oder Löschen von allen vier Dateiattributen. Außerdem ist es auch möglich, sich die Attribute nur anzusehen ohne eine Änderung vorzunehmen.

Aufruf des Programms/Parameter:

Attr [Pfad] Datei.ext [Attribute]

Bsp.:   Attr Datei.ext +R oder

        Attr *.* -R-A-S-H oder

        Attr *.PAS +H etc.

Die Buchstaben (R,A,S,H) stehen für *ReadOnly, Archive, System und Hidden*. Ein "+" bedeutet das Setzen des Attributes, ein "-" das Löschen des entsprechenden Attributes. Falls kein Dateiname angegeben wird, gibt das Programm einen kurzen Hilfstext aus. Beim Dateinamen können Wildcards verwendet werden. Ohne die Angabe von Attributen werden die Dateien mit ihren Attributen angezeigt.

Ziel/Zweck des Programms:

Beliebiges Ändern der Dateiattribute *ReadOnly, Archive, Hidden und System.*

```
Die Datei EDPA.EXE              hat die Attribute  AR-H

Weiter -> eine Taste betätigen ...

Die Datei FCD.EXE               hat die Attribute  AR-H
Die Datei FFT.PAS               hat die Attribute  AR-H
Die Datei FFT.EXE               hat die Attribute  AR-H
Die Datei FHIDE.PAS             hat die Attribute  AR-H
Die Datei FHIDE.EXE             hat die Attribute  AR-H
Die Datei FSIZE.PAS             hat die Attribute  AR-H
Die Datei FSIZE.EXE             hat die Attribute  AR-H
Die Datei HEXLIST.PAS           hat die Attribute  AR-H
Die Datei HEXLIST.EXE           hat die Attribute  AR-H
Die Datei KILL1.PAS             hat die Attribute  AR-H
Die Datei KILL1.EXE             hat die Attribute  AR-H
Die Datei LDIR.PAS              hat die Attribute  AR-H

Weiter --> eine Taste betätigen ...
```

Abbildung 8a: Bildschirmausgabe von Attr beim Zeigen der Attribute

```
Die Datei EDPA.EXE              wird gesetzt von A--- auf AR-H

Weiter --> eine Taste betätigen ...

Die Datei FCD.EXE               wird gesetzt von A--- auf AR-H
Die Datei FFT.PAS               wird gesetzt von A--- auf AR-H
Die Datei FFT.EXE               wird gesetzt von A--- auf AR-H
Die Datei FHIDE.PAS             wird gesetzt von A--- auf AR-H
Die Datei FHIDE.EXE             wird gesetzt von A--- auf AR-H
Die Datei FSIZE.PAS             wird gesetzt von A--- auf AR-H
Die Datei FSIZE.EXE             wird gesetzt von A--- auf AR-H
Die Datei HEXLIST.PAS           wird gesetzt von A--- auf AR-H
Die Datei HEXLIST.EXE           wird gesetzt von A--- auf AR-H
Die Datei KILL1.PAS             wird gesetzt von A--- auf AR-H
Die Datei KILL1.EXE             wird gesetzt von A--- auf AR-H
Die Datei LDIR.PAS              wird gesetzt von A--- auf AR-H

Weiter --> eine Taste betätigen ...
```

Abbildung 8b: Bildschirmausgabe von Attr beim Ändern der Attribute.

Funktions-Schema:

Attr arbeitet nach folgendem Schema:

- ► Cursor sichern und verstecken.
- ► Graphikkarte bestimmen und entsprechend die Farben setzen.
- ► Startbild hinschreiben.
- ► Die Übergabeparameter ParamStr(1)/(2) auswerten.
- ► Variablen initialisieren.
- ► Falls Hilfe angefordert wird, Ausgabe eines Hilfstextes und Programmende.
- ► Eingabe auf Fehler überprüfen. Gegebenenfalls Hilfstext und Ende.
- ► Dateisuchpfad extrahieren.
- ► Dateien suchen. (Nur Dateien mit Attributkombination $27, also keine Verzeichnisse und kein Volume-Label.)
- ► Attribute der Dateien bestimmen.
- ► Je nach Übergabeparameter: Dateien mit Attribut anzeigen oder neue Attribute der Dateien aus Übergabeparameter als String zusammensetzen.
- ► Attribute von String in Zahl konvertieren.
- ► Attribute neu setzen.
- ► Alle 12 Dateien mit Bildschirmausgabe warten.
- ► Anzeige der total gezeigten oder geänderten Dateien.
- ► Schlußmeldung hinschreiben.
- ► Programmende.

Verwendete DOS-Funktionen/Prozeduren:	
Prozedur:	**Verwendungszweck:**
▶ Assign:	einer Datei-Variablen eine externe Datei zuordnen.
▶ ClrScr:	Bildschirm löschen.
▶ Delay:	Programmverzögerung.
▶ DetectGraph:	Graphikkarte bestimmen.
▶ DosError:	Fehlerbehandlung.
▶ FindFirst, FindNext:	Verzeichniseinträge ermitteln.
▶ GetFAttr:	Dateiattribut holen.
▶ GoTo4XY:	Ausgabe auf dem Bildschirm positionieren.
▶ Intr ($10, Regs):	Cursor sichern/verstecken/restaurieren.
▶ Keypressed:	Taste gedrückt ? (Boolean)
▶ SetFAttr:	Dateiattribut setzen.
▶ TextBackground, TextAttr,	
▶ TextColor:	Vordergrund-/Hintergrundfarbe setzen.
▶ Window:	Bildschirmausschnitt festlegen.

Verwendete Unterprogramme:

GetCursor   speichert die aktuellen Cursoreinstellungen, so daß sie nach dem Programmende wieder restauriert werden können. (Interrupt 10h)

HideCursor   ist eine kurze Prozedur, die ebenfalls auf den Interrupt 10h zugreift. Sie läßt den Cursor vom Bildschirm verschwinden, da es optisch störend ist, wenn in einer Bildschirmmaske der Cursor irgendwo herumhängt.

ShowCursor   läßt den Cursor beim Programmende wieder erscheinen. Dabei werden die von -> *GetCursor* gesicherten Daten wieder gesetzt. Dies gewährt, daß unabhängig von der vorherigen Cursorform wieder derselbe Cursor gesetzt wird. Ein Block-Cursor ist nach dem Programmende wieder ein Block-Cursor.

Fehl   gibt eine Fehlermeldung aus, wenn im Programm irgend-
                    ein Fehler aufgetreten ist. Anschließend wird das Pro-
                    gramm beendet.

Help   gibt einen Hilfetext aus, wenn als Parameter gar nichts
                    ode2r ein Fragezeichen übergeben wird.

Ende   restauriert den Bildschirm, löscht ihn und beendet das
                    Programm mit einer Schlußmeldung.

Hauptprogramm

Zuerst sichert das Programm die Cursoreinstellung und versteckt danach den
Cursor. Dies wird bei jedem Programm deshalb gemacht, weil es nicht schön
aussieht, wenn der Cursor irgendwo auf dem Bildschirm herumhängt.
Anschließend werden die Graphikkarte detektiert und die Bildschirmfarben
entsprechend gesetzt. Nach den üblichen Routinehandlungen (Startbild,
Variablen initialisieren, Übergabeparameter auswerten und evtl. Ausgabe
eines Hilfstextes) wird die Eingabe überprüft. Bei unkorrekten Eingaben
verzweigt das Programm ebenfalls zum Hilfstext und wird danach beendet.
Andernfalls beginnt die eigentliche Hauptaufgabe:

Die spezifizierten Dateien werden mit *FindFirst* und *FindNext* gesucht.

Die Dateiattribute werden bestimmt und in einen Stringausdruck konvertiert.
(Form: 'ARSH' für die vier Dateiattribute)

Falls das Programm die Dateiattribute nur zeigen soll, werden nun die
Dateien mit den Attributen gezeigt und das Programm anschließend beendet.
Andernfalls wird nun aufgrund der Eingaben der Stringausdruck neu
bestimmt. Beispiel: Bei der Eingabe von *Attr *.* +R* wird aus dem String "--
--" (kein Attribut) neu der String "-R--" (*ReadOnly* - Attribut gesetzt).

Der so entstandene String-Ausdruck wird zurückkonvertiert in einen
dezimalen Wert. Anschließend wird das Attribut neu gesetzt mit der DOS-
Funktion *SetFAttr*.

Nach zwölf Dateien (falls so viele geändert werden sollen) wartet das Programm auf eine Eingabe; die Änderungen werden dann am Bildschirm angezeigt. Am Schluß zeigt das Programm die vollständige Anzahl der geänder-
ten/gezeigten Dateien.

Diskussion der zentralen Dateiattribut-Bestimmung/Änderung

Attrib grenzt die Attribute des zu suchenden Objektes ein. Wie bereits zu Beginn dieses Buches erwähnt, sind für die Dateiattribute die folgenden Konstanten gültig:

(1) ReadOnly := $01 (01 hexadezimal, 01 dezimal)

(2) Hidden   := $02 (02 hexadezimal, 02 dezimal)

(3) SysFile   := $04 (04 hexadezimal, 04 dezimal)

(4) VolumeId := $08 (08 hexadezimal, 08 dezimal)

(5) Directory := $10 (10 hexadezimal, 16 dezimal)

(6) Archive   := $20 (20 hexadezimal, 32 dezimal)

Das vorliegende Programm verwendet nur vier der sechs angegebenen Attribute, nämlich (1, 2, 3 und 6). Wie man leicht erkennt, ergibt jede Attributkombination einen eindeutigen Zahlenwert. So erhält eine *Hidden*-Datei den Wert $02 (02 hexadezimal, 02 dezimal) oder eine *ReadOnly+Hidden*-Datei den Wert $03. Eine Kombination aller Datei-Attribute ergibt den Wert $27.

Aufgrund dieses Wissens kann nun eine Attribut-Zuweisung wie folgt geschehen:

```
            (* ATTRIBUT-STRING ZUWEISEN AUFGRUND DER NUMMER       *)
            (* ATTRIBUT-STRING ZUWEISEN AUFGRUND DER NUMMER       *)


            CASE ATTRI OF
               0:  STR1:='----';         00 h
               1:  STR1:='-R--';         01 h
               2:  STR1:='---H';         02 h
               3:  STR1:='-R-H';         03 h
               4:  STR1:='--S-';         04 h
               5:  STR1:='-RS-';         05 h
               6:  STR1:='--SH';         06 h
               7:  STR1:='-RSH';         07 h
              32:  STR1:='A---';         20 h
              33:  STR1:='AR--';         21 h
              34:  STR1:='A--H';         22 h
              35:  STR1:='AR-H';         23 h
              36:  STR1:='A-S-';         24 h
              37:  STR1:='ARS-';         25 h
              38:  STR1:='A-SH';         26 h
              39:  STR1:='ARSH';         27 h
            END; (* CASE *)
```

Dabei werden die dezimalen Werte der Attribut-Kombinationen verwendet. Der Zahlenwert 39 (dezimal) steht für 27h (hexadezimal) und für eine Kombination aller vier Dateiattribute.

Der Autor erhebt nicht den Anspruch, daß diese Methode der Attributbestimmung die eleganteste und perfekteste Methode ist. So könnte man zum Beispiel die Attribute auch wie folgt bestimmen:

```
If (Attr And ReadOnly   <> 0) Then Write('R')
                        Else Write('-');
If (Attr And Hidden     <> 0) Then Write('H')
                        Else Write('-');
If (Attr And SysFile    <> 0) Then Write('S')
                        Else Write('-');
If (Attr And Archive)   <> 0) Then Write('A')
                        Else Write('-');
```

Die erste Vorgehensweise wurde vor allem aus pädagogischen Gründen gewählt: Sie vermittelt ein Gefühl für die hexadezimalen Zahlen und deren Kombinationen. Hexadezimale Angaben werden im Bereich der Programmierung und Analyse aber immer wieder verwendet, ein Beispiel dafür sind Adreßangaben in Speicherbereichen. Nach der Bestimmung der vorhandenen Attribute wird die Attributkombination für jede Datei neu bestimmt:

```
CASE TEIL[2] OF

'A': IF (TEIL[1]='+') THEN  STR1:= 'A' + COPY(STR1,2,3)
                      ELSE  STR1:= '-' + COPY(STR1,2,3);

'R': IF (TEIL[1]='+') THEN  STR1:= COPY(STR1,1,1)+'R'+
                                   COPY(STR1,3,2)
                      ELSE  STR1:= COPY(STR1,1,1)+'-'+
                                   COPY(STR1,3,2);

'S': IF (TEIL[1]='+') THEN  STR1:= COPY(STR1,1,2)+'S'+
                                   COPY(STR1,4,1)
                      ELSE  STR1:= COPY(STR1,1,2)+'-'+
                                   COPY(STR1,4,1);

'H': IF (TEIL[1]='+') THEN  STR1:= COPY(STR1,1,3) + 'H'
                      ELSE  STR1:= COPY(STR1,1,3) + '-';

END; {* CASE *}
```

Dabei enthält Teil[1] das Vorzeichen (Attribut setzen oder löschen, +/-) und Teil[2] das zu setzende oder löschende Attribut ('A','R','S','H'). Mit einer einfachen Stringmanipulation wird die neue Attributkombination auf diese Weise bestimmt. In einer Schleife wird jedes Dateiattribut so abgearbeitet; die Schleife wird maximal viermal durchlaufen (Vier Attribute).

Am Schluß wird die neue Attributkombination wieder zurück konvertiert in einen Dezimalwert, der dann für die betreffende Datei auch gesetzt wird:

```
(* ATTRIBUTE NEU SETZEN *)

IF (STR1 = '----') THEN  ATTRI :=  0;
IF (STR1 = '-R--') THEN  ATTRI :=  1;
IF (STR1 = '---H') THEN  ATTRI :=  2;
IF (STR1 = '-R-H') THEN  ATTRI :=  3;
IF (STR1 = '--S-') THEN  ATTRI :=  4;
IF (STR1 = '-RS-') THEN  ATTRI :=  5;
IF (STR1 = '--SH') THEN  ATTRI :=  6;
IF (STR1 = '-RSH') THEN  ATTRI :=  7;
IF (STR1 = 'A---') THEN  ATTRI := 32;
IF (STR1 = 'AR--') THEN  ATTRI := 33;
IF (STR1 = 'A--H') THEN  ATTRI := 34;
IF (STR1 = 'AR-H') THEN  ATTRI := 35;
IF (STR1 = 'A-S-') THEN  ATTRI := 36;
IF (STR1 = 'ARS-') THEN  ATTRI := 37;
IF (STR1 = 'A-SH') THEN  ATTRI := 38;
IF (STR1 = 'ARSH') THEN  ATTRI := 39;


SETFATTR(F,ATTRI);            (* FILE-ATTRIBUT SETZEN    *)
```

Damit ist aber die relativ einfache Funktionsweise dieses Programmes erklärt.

4.4 Dateiverwaltung

FFT

Thematik:

Wem ist nicht schon das folgende passiert: Man sucht ganz verzweifelt eine Datei und weiß beim besten Willen nicht mehr, wo sie ist. Da auf der Festplatte inzwischen 84 verschiedene Verzeichnisse vorhanden sind, ist eine Suchaktion mit dem *Dir*-Befehl so gut wie aussichtslos.

In solchen Fällen kann man froh sein, wenn man Besitzer der Norton Utilities oder einer anderen Utility-Sammlung ist, die einen File-Find - Befehl zur Verfügung stellt. Damit werden sämtliche Dateien gefunden, auch alle versteckten Dateien. Die einzige Bedingung ist, daß wenigstens ein Teil des Dateinamens bekannt ist. Die Suche kann auch mit Wildcards wie "*" oder "?" beginnen. Das vorliegende Utility *FFT* sucht eine oder mehrere Dateien auf einem angegebenen Laufwerk. Für jede gefundene Datei wird die volle Pfadangabe, der Dateiname sowie die Dateigröße ausgegeben. Es werden auch versteckte Dateien sowie Systemdateien gefunden. Bei der Dateiausgabe wird nach jeder Bildschirmseite auf einen Tastendruck gewartet.

Aufruf des Programms/Parameter:

FFT [Laufwerk] Datei.ext

Beisp.:   FFT B:X.Y etc.

Falls kein Dateiname angegeben wird, gibt das Programm eine kurze Hilfsmeldung aus. Beim Dateinamen können Wildcards verwendet werden. Ohne die Angabe eines Laufwerkes werden die Dateien auf dem Default-Laufwerk gesucht.

Ziel/Zweck des Programms:

Dateisuche nach einer Datei, die irgendwo auf dem Laufwerk vorhanden ist (Das Verzeichnis ist jedoch nicht bekannt).

```
     Ich suche ... Bitte warten


C:\DOS\
          FFT.EXE                    17392 Bytes

C:\NU\
          FF.EXE                      9466 Bytes

C:\TURBO\DOSHILF\
          FFT.PAS                    13070 Bytes

C:\TURBO\DOSHILF\
          FFT.EXE                    17392 Bytes


     4 Dateien gefunden


     Bel. Taste drücken ...
```

Abbildung 9: Bildschirmausgabe von FFT

Funktions-Schema:

FFT arbeitet nach folgendem Schema:

- Cursor sichern und verstecken.
- Graphikkarte bestimmen und entsprechend die Farben setzen.
- Startbild hinschreiben.
- Den Übergabeparameter ParamStr(1) auswerten.
- Falls Hilfe angefordert wird, Ausgabe eines Hilfstextes und Programmende.
- Variablen initialisieren.
- Laufwerk aus dem Eingabestring extrahieren.
- Dateisuchbegriff aus dem Eingabestring extrahieren.
- Verzweigung in die Subroutine FF.
- 1. Datei im aktuellen Verzeichnis suchen.
- Schleife:
  - Datei(en) im aktuellen Verzeichnis suchen (Beginn mit Root).
  - Falls gefunden, Dateiausgabe mit Suchpfad + Größe.
- Schleifenende
- 1. Unterverzeichnis im aktuellen Verzeichnis suchen.

> ► Schleife:
>   - ■ Rekursiver Aufruf von FF eine Ebene tiefer.
>   - ■ Rückkehr von der letzten, höheren Ebene.
>   - ■ Nächstes Unterverzeichnis suchen.
> ► Schleifenende.
> ► Ende von FF.
> ► Ausgabe der Anzahl gefundener Dateien.
> ► Programmende.

Verwendete DOS-Funktionen/Prozeduren:

Prozedur:	Verwendungszweck:
► ClrScr:	Bildschirm löschen.
► Delay:	Programmverzögerung.
► DetectGraph:	Graphikkarte bestimmen.
► DosError:	Fehlerbehandlung.
► FindFirst, FindNext:	Verzeichniseinträge ermitteln.
► GetDir:	Aktuelles Verzeichnis ermitteln.
► GoToXY:	Ausgabe auf dem Bildschirm positionieren.
► Intr ($10, Regs):	Cursor sichern/verstecken/restaurieren.
► Keypressed:	Taste gedrückt ? (Boolean)
► TextBackground, TextAttr, TextColor:	Vordergrund-/Hintergrundfarbe setzen.
► Window:	Bildschirmausschnitt

Verwendete Unterprogramme:

GetCursor speichert die aktuellen Cursoreinstellungen, so daß sie nach dem Programmende wieder restauriert werden können (Interrupt 10h).

HideCursor ist eine kurze Prozedur, die ebenfalls auf den Interrupt 10h zugreift. Sie läßt den Cursor vom Bildschirm verschwinden, da es optisch störend ist, wenn in einer Bildschirmmaske der Cursor irgendwo herumhängt.

ShowCursor läßt den Cursor beim Programmende wieder erscheinen. Dabei werden die von -> *GetCursor* gesicherten Daten

	wieder gesetzt. Dies gewährt, daß unabhängig von der vorherigen Cursorform wieder derselbe Cursor gesetzt wird. Ein Block-Cursor ist nach dem Programmende wieder ein Block-Cursor.
Fehl	gibt eine Fehlermeldung aus, wenn im Programm irgendein Fehler aufgetreten ist. Anschließend wird das Programm beendet.
Help	gibt eine Hilfsmeldung aus, wenn als Parameter gar nichts oder ein Fragezeichen übergeben wird.
FF	sucht die gesuchte(n) Datei(en) in allen Verzeichnissen auf dem angegebenen Laufwerk.

Hauptprogramm

Zuerst sichert das Programm die Cursoreinstellung und versteckt danach den Cursor. Anschließend wird die Graphikkarte detektiert und die Bildschirmfarben werden entsprechend gesetzt. Nach den üblichen Routinehandlungen (Startbild, Variablen initialisieren, Übergabeparameter auswerten und evtl. Ausgabe eines Hilfstextes) wird die Eingabe überprüft. Bei unkorrekten Eingaben wird eine Fehlermeldung ausgegeben und das Programm danach beendet. Andernfalls beginnt die eigentliche Hauptaufgabe der **Prozedur FF**:

Die spezifizierten Dateien werden mit *FindFirst* und *FindNext* zuerst im Wurzelverzeichnis des Laufwerkes gesucht. Falls sie gefunden werden, wird der Pfad, der zu den Dateien hinführt, der Dateiname sowie die Dateigröße ausgegeben. Falls viele Dateien gefunden werden, ist es möglich, seitenweise zu blättern.

Anschließend folgt der "Trick" des gesamten Programms: Es werden nun die Unterverzeichnisse gesucht und die Prozedur *FF*, die auch die Dateien sucht, in jedem Unterverzeichnis rekursiv aufgerufen. Die momentane Pfadangabe wird dabei der neu aufgerufenen Prozedur übergeben, so daß der Pfad immer vollständig ist. Dadurch wird allmählich die gesamte Verzeichnisstruktur eines Laufwerkes abgearbeitet. Falls vorhanden, wird auf diese Weise jede gesuchte Datei mit Pfadangabe gefunden. Die eigentliche Struktur des Programms ist genau dieselbe wie beim rekursiven Übungsbeispiel. (s. Seite 32)

Allgemeines

Nun könnte sich jemand fragen, ob denn Turbopascal die Variable *Suche* vom Typ Searchrec nicht falsch belegt, weil sie ja immer wieder bei jedem Aufruf von *FF* benützt wird. Dies wäre in der Tat der Fall, wenn diese Variable global im Programm und nicht lokal in der Prozedur *FF* deklariert würde. So wird jedoch bei jedem neuen Aufruf von *FF* eine neue Variable erzeugt, die einen anderen Speicherbereich belegt.

Der geübte Leser wird nun sofort erkennen, weshalb es unbedingt nötig ist, bei diesen rekursiven Programmen den Stack-Bereich (Compilerschalter $M) so hoch wie möglich zu wählen: Bei einer Festplatte mit sehr vielen Unterverzeichnissen wird sonst plötzlich der vorhandene Datenspeicher aufgebraucht und das Programm "stirbt" mit einer häßlichen Fehlermeldung (Nr. 202, Stack overflow error).

Programm-Quellcode

```
{*******************************************************************}
{*                    F F T                                      *}
{*---------------------------------------------------------------*}
{*     Aufgabe  : FFT ist ein kurzes Programm, um schnell und    *}
{*                bequem Dateien auf der Harddisk suchen zu kön- *}
{*                nen. (Name FFT = File Find Turbo)              *}
{*                                                               *}
{*---------------------------------------------------------------*}
{*     Autor    : Georg Fischer                                  *}
{*                                                               *}
{*     entwickelt am  : 14.09.1990                               *}
{*     letztes Update : 26.10.1990                               *}
{*                                                               *}
{*     Version 3.0    : 01.05.1991 (farbig)                      *}
{*******************************************************************}

PROGRAM FFT;

{$R+}          {* RANGE CHECKING ON ###}
{$S+}          {* STACK CHECKING ON ###}
{$I+}          {* I/O CHECKING ON ###}
{$N-}          {* NO NUMERIC COPROCESSOR ###}
{$M 65000,0,655360 }  {* MEMORY SIZES *}

USES DOS, CRT, GRAPH;
```

```pascal
VAR EINGABE     : STRING[14]; (* SUCHSTRING FÜR DATEIENSUCHE      *)
    DATEI       : STRING[12]; (* DATEINAME für Dateiensuche       *)
    DISK        : STRING[2];  (* LAUFWERK (A:, B:, ETC.           *)
    ZAEHLER     : INTEGER;    (* ANZAHL GEFUNDENE DATEIEN         *)
    DELTA       : REAL;       (* = 0, dann wird geblättert        *)
    CH          : CHAR;       (* Eingabecharacter beim Blättern   *)
    NAME        : STRING[12]; (* Aktueller Dateiname              *)
    GROESSE     : STRING[9];  (* Aktuelle Dateigroesse            *)
    DIR_FLAG    : BOOLEAN;    (* Eintrag = Directory ?            *)
    J           : INTEGER;    (* Zaehlvariable                    *)


VAR CURTOP, CURBOT : BYTE;    (* CURSORGROESSE                    *)


VAR GRAPHDRIVER: INTEGER;     (* GRAPHIKKARTE                     *)
    GRAPHMODE  : INTEGER;
    BACK, FORE : INTEGER;     (* VORDER/HINTERGRUNDFARBEN         *)
    FEHLER     : INTEGER;     (* AUFGETRETENER LAUFZEITFEHLER     *)



(* CURSOR-GROESSE VOM BIOS HOLEN *)
(* CURSOR-GROESSE VOM BIOS HOLEN *)

PROCEDURE GETCURSOR;
VAR REGS: REGISTERS;
BEGIN
   REGS.AH := 3;
   REGS.BH := 0;
   INTR ($10, REGS);
   CURTOP := REGS.CH;
   CURBOT := REGS.CL;
END;



(* CURSOR VERSTECKEN *)
(* CURSOR VERSTECKEN *)

PROCEDURE HIDECURSOR;
VAR REGS: REGISTERS;
BEGIN
   REGS.AH := 1;
   REGS.CX := $2000;
   INTR ($10, REGS);
END;
```

```pascal
{* CURSOR ZEIGEN *}
{* CURSOR ZEIGEN *}

PROCEDURE SHOWCURSOR;
VAR REGS: REGISTERS;
BEGIN
   REGS.AH := 1;
   REGS.CH := CURTOP;
   REGS.CL := CURBOT;
   INTR ($10, REGS);
END;




{* GIBT ON-LINE-HILFE             *}
{* GIBT ON-LINE-HILFE             *}

PROCEDURE HELP;

BEGIN


    WRITELN('                                                  ');
    WRITELN('                                                  ');
    WRITELN('                                                  ');
    WRITELN(' Aufruf: FFT   DATEI.EXT         oder             ');
    WRITELN('         FFT   *.PAS             oder             ');
    WRITELN('         FFT   DATEI.*                            ');
    WRITELN('                                                  ');
    WRITELN(' FFT sucht Files auf der Harddisk oder Diskette.  ');
    WRITELN('                                                  ');
    WRITELN('                                                  ');

    WRITELN;
    WRITELN('        Bel. Taste drücken ...');

    WHILE (NOT KEYPRESSED) DO BEGIN
       DELAY(10);
    END; {* WHILE *}
    CH:=READKEY;
    IF (CH = CHR(0)) THEN CH:=READKEY;
```

```pascal
      TEXTBACKGROUND(0); TEXTCOLOR(7);
      WINDOW(1,1,80,25);
      GOTOXY(1,25); SHOWCURSOR;
      CLRSCR;
      IF (BACK = 1) THEN
        TEXTATTR := 30
      ELSE
        TEXTATTR := 7;

      WRITELN('Auf Wiedersehen - Ihr FFT Version 3.0  (C) 1990-91 ',
              'G. Fischer');
      TEXTATTR := 7;
      HALT(0);
END; (* HELP *)


(* FALLS EIN FEHLER AUFGETRETEN IST *)
(* FALLS EIN FEHLER AUFGETRETEN IST *)

PROCEDURE FEHL(FEHLER: INTEGER);


BEGIN
   WRITELN;
   CASE FEHLER OF
       2:WRITELN('   Datei(en) nicht gefunden !');
       3:WRITELN('   Pfad nicht gefunden !');
       5:WRITELN('   Datei ist schreibgeschuetzt, abgebrochen !');
      15:WRITELN('   Laufwerksnummer unzulässig !');
      18:WRITELN('   Datei(en) nicht gefunden !');
     101:WRITELN('   Diskette ist voll, abgebrochen !');
     103:WRITELN('   Laufwerk ist nicht bereit, abgebrochen !');
     150:WRITELN('   Disk ist schreibgeschuetzt, abgebrochen !');
     152:WRITELN('   Laufwerk ist nicht bereit, abgebrochen !');
     ELSE WRITELN('   Unbekannter Fehler, NR. = ',FEHLER);
   END; (* CASE *)

   WRITELN;
   WRITELN('   Bel. Taste drücken ...');

   WHILE (NOT KEYPRESSED) DO BEGIN
   DELAY(10);
   END; (* WHILE *)
   CH:=READKEY;
```

```
    IF (CH = CHR(0)) THEN CH:=READKEY;

    TEXTBACKGROUND(0); TEXTCOLOR(7);
    WINDOW(1,1,80,25);
    CLRSCR;
    SHOWCURSOR;
    IF (BACK = 1) THEN
      TEXTATTR := 30
    ELSE
      TEXTATTR := 7;

    WRITELN('Auf Wiedersehen - Ihr FFT Version 3.0  (C) 1990-91 ',
            'G. Fischer');
    TEXTATTR := 7;
    HALT(0);    (* PROGRAMM ABBRECHEN *)
END; (* FEHL *)




{*****************************************************************}
{* REKURSIVE SUCHE DURCH DEN VERZEICHNISBAUM DER HARDDISK/DISK. *}
{*****************************************************************}

PROCEDURE FF(PFAD : STRING);

VAR SUCHE       : SEARCHREC;

BEGIN

  (* SUCHE ERSTE DATEI IM BETREFFENDEN DIRECTORY *)
  (* SUCHE ERSTE DATEI IM BETREFFENDEN DIRECTORY *)

  FINDFIRST(PFAD+DATEI,$27,SUCHE);



  (* AUFTRETENDE FEHLER ABFANGEN *)
  (* AUFTRETENDE FEHLER ABFANGEN *)

  FEHLER := DOSERROR;
  IF ((FEHLER <> 0) AND (FEHLER <> 18)) THEN FEHL(FEHLER);
```

```
(* SOLANGE KEIN FEHLER AUFTRITT UND WEITERE DATEIEN GEFUNDEN *)
(* WERDEN                                                    *)

WHILE (DOSERROR = 0) DO BEGIN
  WRITELN(CHR(10)+CHR(13),'      ',PFAD);

  (****************************************************)
  (* 1. GEFUNDENE DATEI AN DEN BILDSCHIRM SCHREIBEN *)
  (* WEITERE DATEIEN SUCHEN                         *)
  (****************************************************)

  NAME := SUCHE.NAME + !                  ';

  STR(SUCHE.SIZE:9,GROESSE);
  WRITELN('                 ',NAME,'       ',GROESSE,' Bytes ');
  ZAEHLER:=ZAEHLER+1;


  (* DELTA = 0 : BLÄTTERN *)
  (* DELTA = 0 : BLÄTTERN *)


  DELTA:=FRAC(ZAEHLER/5.00);

  IF (DELTA < 0.01) AND (ZAEHLER > 0) THEN BEGIN
     WRITELN('                                            ');
     WRITELN('Weiter --> eine Taste betätigen ...         ');
     WRITELN('                                            ');

     WHILE (NOT KEYPRESSED) DO BEGIN
        DELAY(10);
     END; (* WHILE *)
     CH:=READKEY;
     IF (CH = CHR(27)) THEN BEGIN
        TEXTBACKGROUND(0); TEXTCOLOR(7);
        WINDOW(1,1,80,25);
        CLRSCR;
        SHOWCURSOR;
        IF (BACK = 1) THEN
          TEXTATTR := 30
        ELSE
          TEXTATTR := 7;

        WRITELN('Auf Wiedersehen - Ihr FFT Version 3.0  (C) ',
                ' 1990-91  G. Fischer');
```

```pascal
                TEXTATTR := 7;
                HALT(0);
              END; (* IF *)


              IF (CH = CHR(0)) THEN CH:=READKEY;
          END; (* IF *)



          FINDNEXT(SUCHE);
        END;



        (*****************************)
        (* SUB-SUB-DIRECTORIES SUCHEN*)
        (*****************************)


        FINDFIRST(PFAD+'*.*',$37,SUCHE);

(***********************************************************************)
        (* REKURSIVER AUFRUF DER PROZEDUR IN WEITEREN SUB-DIRECTORIES *)
        (***********************************************************************)


        WHILE (DOSERROR = 0) DO BEGIN
          DIR_FLAG := FALSE;
          CASE SUCHE.ATTR OF
            16..23: DIR_FLAG:=TRUE;
            48..55: DIR_FLAG:=TRUE;
          END; (* CASE *)

          IF (DIR_FLAG) AND (SUCHE.NAME <> '.') AND (SUCHE.NAME <> '..')
            THEN
            FF(PFAD+SUCHE.NAME+'\');
          FINDNEXT(SUCHE);
        END; (* WHILE *)
END; (* PROZEDUR FF *)



        (*****************************)
        (* MAIN, BENUETZT FF-PROZEDUR *)
        (*****************************)


BEGIN
```

```
GETCURSOR;
HIDECURSOR;


{* JE NACH GRAPHIKKARTE DIE FARBEN SETZEN *}
{* JE NACH GRAPHIKKARTE DIE FARBEN SETZEN *}


GRAPHDRIVER := DETECT;
DETECTGRAPH(GRAPHDRIVER, GRAPHMODE);

CASE GRAPHDRIVER OF
  -2,2,5,7: BEGIN
              FORE := 15;  BACK := 0;
            END;
   1,3,4,9: BEGIN
              FORE := 14; BACK := 1;
            END;
  ELSE BEGIN
    FORE:= 15; BACK := 0;
  END; {* ELSE BEGIN *}
END; {* CASE *}



{* ANFANGSMENU HINSCHREIBEN *}
{* ANFANGSMENU HINSCHREIBEN *}


TEXTBACKGROUND(BACK); TEXTCOLOR(FORE);
CLRSCR;

GOTOXY(20,08);
WRITELN('┌──────────────────────────────┐');
GOTOXY(20,09);
WRITELN('│        FFT   Version 3.0      │');
GOTOXY(20,10);
WRITELN('│          ________________     │');
GOTOXY(20,11);
WRITELN('│                              │');
GOTOXY(20,12);
WRITELN('│                (C)           │');
GOTOXY(20,13);
WRITELN('│   Programmiert von Georg Fischer  │');
GOTOXY(20,14);
WRITELN('│                Bern          │');
GOTOXY(20,15);
```

```
        WRITELN('|                                    |');
        GOTOXY(20,16);
        WRITELN('|        Programm wird geladen ...   |');
        GOTOXY(20,17);
        WRITELN('|                                    |');
        GOTOXY(20,18);
        WRITELN('└────────────────────────────────┘');


        DELAY(1000);
        CLRSCR;



        (* RAHMEN FUER HAUPTPROGRAMM HINSCHREIBEN *)
        (* RAHMEN FUER HAUPTPROGRAMM HINSCHREIBEN *)


        GOTOXY(1, 1); WRITE('┌──────────────────────────────────');
        GOTOXY(40,1); WRITE('────────────────────────────────┐');
        FOR J:=2 TO 24 DO BEGIN
          GOTOXY(1, J); WRITE('│');
          GOTOXY(79,J); WRITE('│');
        END; (* FOR *)
        GOTOXY(1, 25);
        WRITE('└──────────────────────────────');


        GOTOXY(40,25);
        WRITE('──────────────────────────────┘');


        WINDOW(3,3,77,22);   (* RAHMEN NICHT MEHR VERÄNDERN *)


        EINGABE:='';
        EINGABE:= PARAMSTR(1);



        (* HILFE ANGEFORDERT *)
        (* HILFE ANGEFORDERT *)


        IF ((EINGABE[1]='?') OR (EINGABE= '')) THEN HELP;
        WRITELN;
        WRITELN('        Ich suche ... Bitte warten');


        ZAEHLER:= 0;
        DISK   := '';
        DATEI  := '';
```

```pascal
(* LAUFWERK AUS EINGABESTRING EXTRAHIEREN *)
(* LAUFWERK AUS EINGABESTRING EXTRAHIEREN *)

IF (EINGABE[2] = ':') AND (LENGTH(EINGABE) > 2) THEN BEGIN
  DISK:=COPY(EINGABE,1,2);
  DATEI:=COPY(EINGABE,3,LENGTH(EINGABE));
END; (* IF *)

IF ((EINGABE[2] = ':') AND (LENGTH(EINGABE) = 2)) THEN BEGIN
  WRITELN('         Unsinnige Eingabe !');
  WRITELN;
  WRITELN('         Bel. Taste drücken ...');

  WHILE (NOT KEYPRESSED) DO BEGIN
     DELAY(10);
  END; (* WHILE *)
  CH:=READKEY;
  IF (CH = CHR(0)) THEN CH:=READKEY;

  TEXTBACKGROUND(0); TEXTCOLOR(7);
  WINDOW(1,1,80,25);
  GOTOXY(1,25); SHOWCURSOR;
  CLRSCR;

  IF (BACK = 1) THEN
    TEXTATTR := 30
  ELSE
    TEXTATTR := 7;
  WRITELN('Auf Wiedersehen - Ihr FFT Version 3.0 (C) 1990-91 ',
          'G. Fischer');
  TEXTATTR := 7;
  HALT(0);
END; (* IF *)

IF ((EINGABE[2] <> ':') OR (LENGTH(EINGABE) < 2)) THEN BEGIN
  GETDIR(0,DISK);
  DATEI:=EINGABE;
END; (* IF *)


(*****************************************************************)
(* 1. AUFRUF DER REKURSIVEN PROZEDUR FF  MIT ROOTDIR. ALS PFAD  *)
(*****************************************************************)
```

```
FF(UPCASE(DISK[1])+':\');


WRITELN(CHR(10)+CHR(13));


IF ((ZAEHLER > 1) OR (ZAEHLER = 0)) THEN
   WRITELN('         ',ZAEHLER,' Dateien gefunden')   (* TOTAL *)
ELSE
   WRITELN('         ',ZAEHLER,' Datei gefunden');     (* TOTAL *)


WRITELN;
WRITELN('       Bel. Taste drücken ...');


WHILE (NOT KEYPRESSED) DO BEGIN
  DELAY(10);
END; (* WHILE *)
CH:=READKEY;
IF (CH = CHR(0)) THEN CH:=READKEY;
CLRSCR;


TEXTBACKGROUND(0); TEXTCOLOR(7);
WINDOW(1,1,80,25);
CLRSCR;
SHOWCURSOR;
IF (BACK = 1) THEN
  TEXTATTR := 30
ELSE
  TEXTATTR := 7;


WRITELN('Auf Wiedersehen - Ihr FFT Version 3.0  (C) 1990-91 ',
        'G. Fischer');
TEXTATTR := 7;


END.
                    ***********
```

Fhide

Thematik

Sowohl Virenprogramme als auch Anwenderprogramme legen versteckte Dateien ab. Daher ist es mehr als nur eine Information, wenn man weiß, wo sich überall versteckte Dateien auf einer Festplatte tummeln. Mit der Zeit sammeln sich so alle möglichen "Gäste" an, die man mit den normalen DOS-Befehlen nicht so schnell entdeckt (DOS 3.3 und früher).

Von sich aus legt das Betriebssystem nur zwei versteckte Dateien an: IBMBIO.COM und IBMDOS.COM (bzw. MSDOS.SYS und IO.SYS). Alle anderen versteckten Dateien, die man nicht selber mit einem Tool erzeugt hat, sind primär verdächtig. Doch nicht alle versteckten Dateien sind auf Virenprogramme zurückzuführen. Sowohl Anwenderprogramme als auch harmlose Scherze können sich hinter einer versteckten Datei verbergen. So läßt z.B. ein harmloses Scherzprogramm ("Drop.Com") vom Markt & Technik-Verlag die Buchstaben auf dem Bildschirm hinunterfallen. Das genannte Programm installiert sich als versteckte Datei im Wurzelverzeichnis.

Das Programm *FHIDE* der vorliegenden Programmsammlung sucht die ganze Festplatte nach versteckten Dateien ab und gibt eine Liste der gefundenen Einträge aus. Anschließend kann bei verdächtigen Dateien mit dem *Attr*-Befehl das *Hidden*-Attribut entfernt werden. So ist es mit einem Editor oder einem Dateilister für EXE-Dateien (wie z.B. Hexlist) möglich, sich den Dateiinhalt genauer anzusehen.

Aufruf des Programms/Parameter:

FHIDE [A:] oder

FHIDE (Für Default-Laufwerk)

Falls kein Laufwerk angegeben wird, sucht das Programm das aktuelle Laufwerk nach versteckten Dateien ab. Bei Eingabe eines Fragezeichens wird ein kurzer Hilfstext ausgegeben.

Ziel/Zweck des Programms:

Ermöglicht eine Suche nach versteckten Dateien. Der Zweck des Programms besteht darin, allfällige unerwünschte Dateien auf einem Laufwerk aufzuspüren (Ableger von Virenprogrammen).

```
        Sucht versteckte Dateien ...


    C:\
        IBMBIO.COM     22169 Bytes

    C:\
        IBMDOS.COM     30159 Bytes

    C:\
        LOGIN.DAT      38500 Bytes

        3 Dateien gefunden

        Bel. Taste drücken ...
```

Abbildung 10: Bildschirmausgabe von FHIDE

Funktions-Schema:

FHIDE arbeitet nach folgendem Schema:

- ► Cursor sichern und verstecken.
- ► Graphikkarte bestimmen und entsprechend die Farben setzen.
- ► Startbild hinschreiben.
- ► Den Übergabeparameter ParamStr(1) auswerten.
- ► Falls Hilfe angefordert wird, Ausgabe eines Hilfstextes und
- ► Programmende.
- ► Variablen initialisieren.
- ► Falls eine Falscheingabe erfolgt ist, Ausgabe eines Hilfstextes und Programmende.
- ► Verzweigung in die Subroutine FF.
  - ■ 1. Datei im aktuellen Verzeichnis suchen.
- ► Schleife:
  - ■ Datei(en) im aktuellen Verzeichnis suchen. (Beginn mit Root)
  - ■ Hidden-Attribut als Bedingung berücksichtigen.
  - ■ Falls gefunden, Dateiausgabe mit Suchpfad + Größe.

▶ Schleifenende

▶ 1. Unterverzeichnis im aktuellen Verzeichnis suchen.

▶ Schleife:

  ■ Rekursiver Aufruf von FF eine Ebene tiefer.

  ■ Rückkehr von der letzten, höheren Ebene.

  ■ Nächstes Unterverzeichnis suchen.

▶ Schleifenende.

▶ Ende von FF.

▶ Ausgabe der Anzahl gefundener Dateien.

▶ Programmende.

Verwendete DOS-Funktionen/Prozeduren:	
Prozedur:	**Verwendungszweck:**
▶ ClrScr:	Bildschirm löschen.
▶ Delay:	Programmverzögerung.
▶ DetectGraph:	Graphikkarte bestimmen.
▶ DosError:	Fehlerbehandlung.
▶ FindFirst, FindNext:	Verzeichniseinträge ermitteln.
▶ GetDir:	Aktuelles Verzeichnis ermitteln.
▶ GoToXY:	Ausgabe auf dem Bildschirm positionieren.
▶ Intr ($10, Regs):	Cursor sichern/verstecken/restaurieren.
▶ Keypressed:	Taste gedrückt ? (Boolean)
▶ TextBackground, TextAttr, TextColor:	Vordergrund-/Hintergrundfarbe setzen.
▶ Window	Bildschirmausschnitt festlegen.

Verwendete Unterprogramme:

GetCursor   speichert die aktuellen Cursoreinstellungen, so daß sie nach dem Programmende wieder restauriert werden können (Interrupt 10h).

HideCursor   ist eine kurze Prozedur, die ebenfalls auf den Interrupt 10h zugreift. Sie läßt den Cursor vom Bildschirm verschwinden, da es optisch störend ist, wenn in einer Bildschirm-maske der Cursor irgendwo herumhängt.

ShowCursor läßt den Cursor beim Programmende wieder erscheinen. Dabei werden die von -> *GetCursor* gesicherten Daten wieder gesetzt. Dies gewährt, daß unabhängig von der vorherigen Cursorform wieder derselbe Cursor gesetzt wird.

Fehl gibt eine Fehlermeldung aus, wenn im Programm irgend-ein Fehler aufgetreten ist. Anschließend wird das Programm beendet.

Help gibt einen Hilfetext aus, wenn als Parameter ein Fragezei-chen übergeben wird.

FF sucht die gesuchte(n) Hidden-Datei(en) in allen Verzeich-nissen auf dem angegebenen Laufwerk.

Hauptprogramm

Zuerst sichert das Programm die Cursoreinstellung und versteckt danach den Cursor. Anschließend werden die Graphikkarte ermittelt und die Bildschirm-farben entsprechend gesetzt. Nach den üblichen Routinehandlungen (Startbild, Variablen initialisieren, Übergabeparameter auswerten und evtl. Ausgabe eines Hilfstextes) wird die Eingabe überprüft. Bei unkorrekten Eingaben wird der Hilfstext ausgegeben und das Programm danach beendet. Andernfalls beginnt die eigentliche Hauptaufgabe der

Prozedur FF:

Es wird zuerst nach allen Dateien (*.*) mit *FindFirst* und *FindNext* im Wur-zelverzeichnis des Laufwerkes gesucht. Falls das *Hidden*-Attribut vorhanden ist, wird der Pfad, der zu den Dateien hinführt, der Dateiname sowie die Dateigröße ausgegeben. Falls viele Dateien gefunden werden, ist es möglich, seitenweise zu blättern.

Anschließend folgt der "Schlüssel" des gesamten Programms: Es werden nun die Unterverzeichnisse gesucht und die Prozedur *FF*, die auch die Dateien sucht, in jedem Unterverzeichnis rekursiv aufgerufen. Die momentane Pfadangabe wird dabei der neu aufgerufenen Prozedur übergeben, so daß der Pfad immer vollständig ist. Dadurch wird allmählich die gesamte Verzeichnisstruktur eines Laufwerks abgearbeitet. Falls vorhanden, wird so jede gesuchte "Hidden" - Datei mit Pfadangabe gefunden.

Programm-Quellcode

```
{***************************************************************}
{*                         F H I D E                        *}
{*---------------------------------------------------------*}
{*      Aufgabe        : FHIDE sucht Dateien auf der Harddisk,  *}
{*                       die das Hidden-Attribut haben.        *}
{*---------------------------------------------------------*}
{*      Autor          : Georg Fischer                         *}
{*                                                             *}
{*      entwickelt am  : 08.10.1990                            *}
{*      letztes Update : 26.10.1990                            *}
{*                                                             *}
{*      Version 3.0    : 01.05.1991 (farbig)                   *}
{***************************************************************}
PROGRAM FHIDE;


{$R+}         {* RANGE CHECKING ON ###}
{$S+}         {* STACK CHECKING ON ###}
{$I+}         {* I/O CHECKING ON ###}
{$N-}         {* NO NUMERIC COPROCESSOR ###}
{$M 65000,0,655360 }  {* MEMORY SIZES *}


USES DOS, CRT, GRAPH;


VAR ZAEHLER, I : INTEGER;     {* Anzahl gefundene Dateien /  *}
                              {* Zaehlvariable.              *}
    PFAD       : STRING[36];  {* Suchpfad                    *}
    DELTA      : REAL;        {* = 0, dann wird geblättert   *}
    CH         : CHAR;        {* Eingabecharacter beim Blättern *}
    NAME       : STRING[12];  {* Dateinamen                  *}
    WRITE1     : BOOLEAN;     {* Gefundene Pfade/Dateien     *}
                              {* schreiben                   *}
    DIR_FLAG   : BOOLEAN;     {* Eintrag = Directory ?       *}
    J          : INTEGER;     {* Zaehlvariable               *}


VAR CURTOP, CURBOT : BYTE;    {* Cursorgrösse                *}


VAR GRAPHDRIVER: INTEGER;     {* Graphikkarte                *}
    GRAPHMODE  : INTEGER;
    BACK, FORE : INTEGER;     {* Vorder/Hintergrundfarben    *}
```

```
    FEHLER     : INTEGER;    (* Aufgetretener Laufzeitfehler   *)

(* CURSOR-GROESSE VOM BIOS HOLEN *)
(* CURSOR-GROESSE VOM BIOS HOLEN *)

PROCEDURE GETCURSOR;
VAR REGS: REGISTERS;
BEGIN
   REGS.AH := 3;
   REGS.BH := 0;
   INTR ($10, REGS);
   CURTOP := REGS.CH;
   CURBOT := REGS.CL;
END;


(* CURSOR VERSTECKEN *)
(* CURSOR VERSTECKEN *)

PROCEDURE HIDECURSOR;
VAR REGS: REGISTERS;
BEGIN
   REGS.AH := 1;
   REGS.CX := $2000;
   INTR ($10, REGS);
END;



(* CURSOR ZEIGEN *)
(* CURSOR ZEIGEN *)

PROCEDURE SHOWCURSOR;
VAR REGS: REGISTERS;
BEGIN
   REGS.AH := 1;
   REGS.CH := CURTOP;
   REGS.CL := CURBOT;
   INTR ($10, REGS);
END;



(* GIBT ON-LINE-HILFE             *)
(* GIBT ON-LINE-HILFE             *)
```

```pascal
PROCEDURE HELP;

BEGIN

   WRITELN('                                                    ');
   WRITELN('                                                    ');
   WRITELN('                                                    ');
   WRITELN('          Aufruf: FHIDE [LAUFWERK]                  ');
   WRITELN('                Bsp.   FHIDE C:                     ');
   WRITELN('                                                    ');
   WRITELN('    FHIDE sucht auf dem angegebenen Laufwerk die    ');
   WRITELN('    Dateien, die versteckt sind.                    ');
   WRITELN('                                                    ');
   WRITELN('                                                    ');
   WRITELN('                                                    ');

   WRITELN;
   WRITELN('        Bel. Taste drücken ...');

   WHILE (NOT KEYPRESSED) DO BEGIN
      DELAY(10);
   END; {* WHILE *}
   CH:=READKEY;
   IF (CH = CHR(0)) THEN CH:=READKEY;

   TEXTBACKGROUND(0); TEXTCOLOR(7);
   WINDOW(1,1,80,25);
   GOTOXY(1,25); SHOWCURSOR;
   CLRSCR;
   IF (BACK = 1) THEN
     TEXTATTR := 30
   ELSE
     TEXTATTR := 7;

   WRITELN('Auf Wiedersehen - Ihr FHIDE Version 3.0  (C) ',
           ' 1990-91 G. Fischer');
   TEXTATTR := 7;
   HALT(0);


END; {* HELP *}
```

```
(* FALLS EIN FEHLER AUFGETRETEN IST *)
(* FALLS EIN FEHLER AUFGETRETEN IST *)


PROCEDURE FEHL(FEHLER: INTEGER);


BEGIN
   WRITELN;
   CASE FEHLER OF
      2:WRITELN('  Datei(en) nicht gefunden !');
      3:WRITELN('  Pfad nicht gefunden !');
      5:WRITELN('  Datei ist schreibgeschuetzt, abgebrochen !');
     15:WRITELN('  Laufwerksnummer unzulaessig !');
     18:WRITELN('  Datei(en) nicht gefunden !');
    101:WRITELN('  Diskette ist voll, abgebrochen !');
    103:WRITELN('  Laufwerk ist nicht bereit, abgebrochen !');
    150:WRITELN('  Disk ist schreibgeschuetzt, abgebrochen !');
    152:WRITELN('  Laufwerk ist nicht bereit, abgebrochen !');
    ELSE WRITELN('  Unbekannter Fehler, NR. = ',FEHLER);
   END; (* CASE *)

   WRITELN;
   WRITELN('        Bel. Taste drücken ...');

   WHILE (NOT KEYPRESSED) DO BEGIN
     DELAY(10);
   END; (* WHILE *)
   CH:=READKEY;
   IF (CH = CHR(0)) THEN CH:=READKEY;

   TEXTBACKGROUND(0); TEXTCOLOR(7);
   WINDOW(1,1,80,25);
   CLRSCR;
   SHOWCURSOR;

   IF (BACK = 1) THEN
     TEXTATTR := 30
   ELSE
     TEXTATTR := 7;

   WRITELN('Auf Wiedersehen - Ihr FHIDE Version 3.0  (C) ',
           '1990-91 G. Fischer');
   TEXTATTR := 7;
   HALT(0);    (* PROGRAMM ABBRECHEN *)
```

```
END; (* FEHL *)




(*********************************************************************)
(* REKURSIVE SUCHE DURCH DEN VERZEICHNISBAUM DER DISK/DISKETTE *)
(*********************************************************************)

PROCEDURE FF(PFAD : STRING);

VAR SUCHE        : SEARCHREC;

BEGIN


  (* SUCHE ERSTE DATEI IM BETREFFENDEN DIRECTORY *)
  (* SUCHE ERSTE DATEI IM BETREFFENDEN DIRECTORY *)
  (* SUCHE ERSTE DATEI IM BETREFFENDEN DIRECTORY *)

  FINDFIRST(PFAD+'*.*',$27,SUCHE);



  (* AUFTRETENDE FEHLER ABFANGEN *)
  (* AUFTRETENDE FEHLER ABFANGEN *)

  FEHLER := DOSERROR;
  IF ((FEHLER <> 0) AND (FEHLER <> 18)) THEN FEHL(FEHLER);



  (* SOLANGE KEIN FEHLER AUFTRITT UND WEITERE DATEIEN GEFUNDEN *)
  (* WERDEN.                                                   *)

  WHILE (DOSERROR = 0) DO BEGIN

    WRITE1 := FALSE;

    CASE SUCHE.ATTR OF
      2, 3, 6, 7: WRITE1 := TRUE;
      34,35,38,39: WRITE1 := TRUE;
    END; (* CASE *)

    IF (WRITE1) THEN  WRITELN(CHR(10)+CHR(13),'     ',PFAD);
```

```pascal
(***************************************************)
(* 1. GEFUNDENE DATEI AN DEN BILDSCHIRM SCHREIBEN *)
(* WEITERE DATEIEN SUCHEN                         *)
(***************************************************)


IF (WRITE1) THEN BEGIN
   NAME := SUCHE.NAME + '             ';
   WRITELN('          ',NAME,'  ',SUCHE.SIZE,' Bytes');
   ZAEHLER:=ZAEHLER+1;
END;


(* DELTA = 0 : BLÄTTERN *)
(* DELTA = 0 : BLÄTTERN *)


DELTA:=FRAC(ZAEHLER/4.00);


IF (DELTA < 0.01) AND (ZAEHLER > 0) AND (WRITE1) THEN BEGIN
   WRITELN('                                      ');
   WRITELN('Weiter --> eine Taste betätigen ...   ');
   WRITELN('                                      ');
   WHILE (NOT KEYPRESSED) DO BEGIN
      DELAY(10);
   END; (* WHILE *)
   CH:=READKEY;
   IF (CH = CHR(27)) THEN BEGIN
      TEXTBACKGROUND(0); TEXTCOLOR(7);
      WINDOW(1,1,80,25);
      CLRSCR;
      SHOWCURSOR;

      IF (BACK = 1) THEN
        TEXTATTR := 30
      ELSE
        TEXTATTR := 7;

      WRITELN('Auf Wiedersehen - Ihr FHIDE Version 3.0 (C) ',
              '1990-91, G. Fischer');
      TEXTATTR := 7;
      HALT(0);
   END; (* IF *)
```

```pascal
        IF (CH = CHR(0)) THEN CH:=READKEY;
      END; {* IF *}


    {* NAECHSTE DATEI SUCHEN *}
    {* NAECHSTE DATEI SUCHEN *}

    FINDNEXT(SUCHE);

  END; {* WHILE *}



  {*****************************}
  {* SUB-SUB-DIRECTORIES SUCHEN*}
  {*****************************}

  FINDFIRST(PFAD+'*.*',$37,SUCHE);

  {*********************************************************}
  {* REKURSIVER AUFRUF DER PROZEDUR IN WEITEREN SUB-DIRS *}
  {*********************************************************}

  WHILE (DOSERROR = 0) DO BEGIN
    DIR_FLAG := FALSE;
    CASE SUCHE.ATTR OF
      16..23: DIR_FLAG:=TRUE;
      48..55: DIR_FLAG:=TRUE;
    END; {* CASE *}

    IF (DIR_FLAG) AND (SUCHE.NAME <> '.') AND
       (SUCHE.NAME <> '..') THEN
       FF(PFAD+SUCHE.NAME+'\');
    FINDNEXT(SUCHE);
  END; {* WHILE *}
END; {* PROZEDUR FF *}



  {*****************************}
  {* MAIN, BENUETZT FF-PROZEDUR *}
  {*****************************}

BEGIN
```

```pascal
GETCURSOR;
HIDECURSOR;


{* JE NACH GRAPHIKKARTE DIE FARBEN SETZEN *}
{* JE NACH GRAPHIKKARTE DIE FARBEN SETZEN *}

GRAPHDRIVER := DETECT;
DETECTGRAPH(GRAPHDRIVER, GRAPHMODE);

CASE GRAPHDRIVER OF
  -2,2,5,7: BEGIN
              FORE := 15;  BACK := 0;
            END;
   1,3,4,9: BEGIN
              FORE := 14; BACK := 1;
            END;
  ELSE BEGIN
    FORE:= 15; BACK := 0;
  END; {* ELSE BEGIN *}
END; {* CASE *}



{* ANFANGSMENU HINSCHREIBEN *}
{* ANFANGSMENU HINSCHREIBEN *}

TEXTBACKGROUND(BACK); TEXTCOLOR(FORE);
CLRSCR;

GOTOXY(20,08);
WRITELN('┌───────────────────────┐');
GOTOXY(20,09);
WRITELN('│       FHIDE   Version  3.0       │');
GOTOXY(20,10);
WRITELN('│            ________________       │');
GOTOXY(20,11);
WRITELN('│                                   │');
GOTOXY(20,12);
WRITELN('│                  (C)              │');
GOTOXY(20,13);
WRITELN('│   Programmiert von Georg Fischer  │');
GOTOXY(20,14);
WRITELN('│               Bern                │');
GOTOXY(20,15);
```

```
        WRITELN('|                                   |');
        GOTOXY(20,16);
        WRITELN('|          Programm wird geladen ...    |');
        GOTOXY(20,17);
        WRITELN('|                                   |');
        GOTOXY(20,18);
        WRITELN('|___________________________________|');


        DELAY(1000);
        CLRSCR;




        {* RAHMEN FUER HAUPTPROGRAMM HINSCHREIBEN *}
        {* RAHMEN FUER HAUPTPROGRAMM HINSCHREIBEN *}


        GOTOXY(1,1);  WRITE('┌──────────────────────────────────');
        GOTOXY(40,1); WRITE('───────────────────────────────────┐');
        FOR J:=2 TO 24 DO BEGIN
          GOTOXY(1, J); WRITE('│');
          GOTOXY(79,J); WRITE('│');
        END; {* FOR *}
        GOTOXY(1, 25);WRITE('└──────────────────────────────────');
        GOTOXY(40,25);WRITE('───────────────────────────────────┘');


        WINDOW(3,3,77,22);            {* RAHMEN NICHT MEHR VERÄNDERN    *}
        PFAD      := ' ';
        ZAEHLER   := 0;              {* ANZAHL GEFUNDENE DATEIEN = 0 . *}
        PFAD      := PARAMSTR(1);    {* SUCHPFAD , z. Bsp. C:\          *}



        WRITELN('        Sucht versteckte Dateien ...   ');
        WRITELN('                                       ');



        {* HILFE ANGEFORDERT *}
        {* HILFE ANGEFORDERT *}


        IF (PFAD[1]='?') THEN HELP;



        {* FALLS FALSCHER PFAD, DANN EXIT  *}
        {* FALLS KEIN PFAD, DANN AKT. PFAD *}


        IF ((LENGTH(PFAD) <> 2) OR (PFAD[2] <> ':')) AND
```

```pascal
      (LENGTH(PFAD) <> 0) THEN BEGIN
    HELP;
END;  (* IF *)


IF (PFAD = '') THEN BEGIN
    GETDIR(0,PFAD);
END; (* IF *)



(*******************************************************************)
(* 1. AUFRUF DER REKURSIVEN PROZEDUR FF  MIT ROOTDIR ALS PFAD *)
(*******************************************************************)


FF(UPCASE(PFAD[1])+':\');


(* ANZAHL GEFUNDENE DATEIEN HINSCHREIBEN *)
(* ANZAHL GEFUNDENE DATEIEN HINSCHREIBEN *)


WRITELN(CHR(10)+CHR(13));


IF ((ZAEHLER > 1) OR (ZAEHLER = 0)) THEN
    WRITELN('        ',ZAEHLER,' Dateien gefunden')   (* TOTAL *)
ELSE
    WRITELN('        ',ZAEHLER,' Datei gefunden');     (* TOTAL *)



WRITELN;
WRITELN('        Bel. Taste drücken ...');

WHILE (NOT KEYPRESSED) DO BEGIN
  DELAY(10);
END; (* WHILE *)
CH:=READKEY;
IF (CH = CHR(0)) THEN CH:=READKEY;
CLRSCR;
TEXTBACKGROUND(0); TEXTCOLOR(7);
WINDOW(1,1,80,25);
CLRSCR;
SHOWCURSOR;
IF (BACK = 1) THEN
  TEXTATTR := 30
ELSE
  TEXTATTR := 7;
```

```
WRITELN('Auf Wiedersehen - Ihr FHIDE Version 3.0  (C) 1990-91 ',
        'G. Fischer');
TEXTATTR := 7;
END.
```

****

Fsize

Thematik

Viele Computerbesitzer kämpfen mit Platzproblemen auf ihrer Festplatte. War man zu Beginn mit 10 Mbyte vollauf zufrieden, so gilt heute schon lange, daß 20 - 30 Mbyte viel zu wenig sind. Wie in allen Bereichen der PC-Welt gilt auch für Festplatten das Motto: Noch mehr und noch schneller ist immer gut. So sind denn auch bei Festplatten Kapazitäten von 100 Mbyte bis zu einem GByte sehr gefragt, und mittlere Zugriffszeiten von über 25 Millisekunden sind nicht mehr erwünscht.

Wenn dann aber auch eine Festplatte mit einigen hundert MegaByte Fassungsvermögen plötzlich voll wird, ist guter Rat teuer. Natürlich wird man zuerst versuchen, die größeren Dateien zu löschen, die man nicht mehr unbedingt auf der Festplatte haben muß. Doch weil man inzwischen 200 Verzeichnisse mit insgesamt 5.000 Dateien auf der Festplatte hat, wird eine spezifische Suche nach den Dateien einer bestimmten Größe sehr schwierig.

An genau diesem Punkt beginnt die Arbeit des Utilities *Fsize*. Es übernimmt die Suche nach großen Dateien auf einer vollen Festplatte. Dabei kann die Größe, ab der Dateien gesucht werden sollen, frei definiert werden. Das Ergebnis der Suche sind die Dateinamen der gesuchten Dateien, die Suchpfade, die zu ihnen führen, sowie deren Größe (in Byte).

So kann dann auch entschieden werden, ob eine Datei noch auf der Festplatte bleiben soll oder nicht.

Aufruf des Programms/Parameter:

FSIZE C: Dateigröße (in Byte)

FSIZE C: 362496

Falls die zwei Parameter nicht korrekt angegeben werden, zeigt das Programm eine kurze Hilfemeldung. Andernfalls beginnt es auf der Festplatte mit der Suche nach den Dateien, die die angegebene Größe überschreiten.

Ziel/Zweck des Programms:

Ermöglicht eine Suche nach großen Dateien auf der Festplatte oder Diskette. Die Größe, ab der gesucht werden soll, kann frei angegeben werden.

```
        HDBIBEL        8837120 Bytes

    Weiter --> eine Taste betätigen ...


C:\TP\
        TURBO.EXE      325397 Bytes

C:\TP\
        TPCX.EXE       216119 Bytes

C:\TP\
        TURBO.HLP      710790 Bytes

C:\WORD\
        WORD.EXE       637103 Bytes

    Weiter --> eine Taste betätigen ...
```

Abbildung 11: Bildschirmausgabe von Fsize

Funktions-Schema:

FSIZE arbeitet nach folgendem Schema:

- ► Cursor sichern und verstecken.
- ► Graphikkarte bestimmen und entsprechend die Farben setzen.
- ► Startbild hinschreiben.
- ► Die Übergabeparameter ParamStr(1)/(2) in Variablen speichern.
- ► Falls Hilfe angefordert wird, Ausgabe eines Hilfstextes und Programmende.
- ► Variablen initialisieren.
- ► Falls eine Falscheingabe erfolgt ist, Ausgabe eines Hilfstextes und Programmende.

▸ Verzweigung in die Subroutine FF.
▸ 1. Datei im aktuellen Verzeichnis suchen.
▸ Schleife:
  ▪ Datei(en) im aktuellen Verzeichnis suchen. (Beginn mit Root)
  ▪ Dateigröße als Bedingung berücksichtigen.
  ▪ Falls gefunden, Dateiausgabe mit Suchpfad + Größe.
  ▪ Alle 4 Dateien am Bildschirm blättern.
▸ Schleifenende.
▸ 1. Unterverzeichnis im aktuellen Verzeichnis suchen.
▸ Schleife:
  ▪ Rekursiver Aufruf von FF eine Ebene tiefer.
  ▪ Rückkehr von der letzten, höheren Ebene.
  ▪ Nächstes Unterverzeichnis suchen.
▸ Schleifenende.
▸ Ende von FF.
▸ Ausgabe der Anzahl gefundener Dateien.
▸ Programmende.

Verwendete DOS-Funktionen/Prozeduren:

Prozedur:	Verwendungszweck:
▸ ClrScr:	Bildschirm löschen.
▸ Delay:	Programmverzögerung.
▸ DetectGraph:	Graphikkarte bestimmen.
▸ DosError:	Fehlerbehandlung.
▸ FindFirst, FindNext:	Verzeichniseinträge ermitteln.
▸ GetDir:	Aktuelles Verzeichnis ermitteln.
▸ GoToXY:	Ausgabe auf dem Bildschirm positionieren.
▸ Intr ($10, Regs):	Cursor sichern/verstecken/restaurieren.
▸ Keypressed:	Taste gedrückt ? (Boolean)
▸ TextBackground, ▸ TextAttr, TextColor:	Vordergrund-/Hintergrundfarbe setzen.
▸ Window:	Bildschirmausschnitt festlegen.

Verwendete Unterprogramme:

(Es werden dieselben Unterprogramme verwendet wie bei FHIDE)

GetCursor	speichert die aktuellen Cursoreinstellungen, so daß sie nach dem Programmende wieder restauriert werden können. (Interrupt 10h)
HideCursor	ist eine kurze Prozedur, die ebenfalls auf den Interrupt 10h zugreift. Sie läßt den Cursor vom Bildschirm verschwinden, da es optisch störend ist, wenn in einer Bildschirmmaske der Cursor irgendwo herumhängt.
ShowCursor	läßt den Cursor beim Programmende wieder erscheinen. Dabei werden die von -> *GetCursor* gesicherten Daten wieder gesetzt. Dies gewährt, daß unabhängig von der vorherigen Cursorform wieder derselbe Cursor gesetzt wird.
Fehl	gibt eine Fehlermeldung aus, wenn im Programm irgend ein Fehler aufgetreten ist. Anschließend wird das Programm beendet.
Help	gibt eine Hilfsstellung aus, wenn als Parameter ein Fragezeichen übergeben wird.
FF	sucht die gesuchte(n) Dateien ab einer bestimmten Größe in allen Verzeichnissen auf dem angegebenen Laufwerk.

Philosophie der Programme FFT/Fhide/Fsize

Ihnen, lieber Leser, wird sicher aufgefallen sein, daß die Programme *FFT*, *Fhide* und *Fsize* im wesentlichen denselben Programmablauf haben. Die Unterschiede zwischen *Fhide* und *Fsize* sind gar so geringfügig, daß es keinen Sinn hat, denselben Programmablauf noch einmal zu beschreiben. Der einzige Unterschied besteht darin, daß *Fsize* nach der Dateigröße sucht und *Fhide* nach dem *Hidden*-Attribut.

Diese drei relativ einfachen Programme zeigen aber deutlich, welch mächtige Möglichkeiten in den DOS-Funktionen *FindFirst/FindNext* stecken in Verbindung mit der Variablen vom Typ *Searchrec*. Es gibt nahezu unbegrenzte Möglichkeiten, nach denen Dateien gesucht werden können: Es ist möglich,

Dateien nach irgend einer Dateiattributkombination zu suchen. Das Archivbit kann z. B. für einen Backup verwendet werden.

Aber auch die anderen Dateiattribute können sinnvoll ausgewertet werden, wie das Beispielprogramm *FHIDE* gezeigt hat. Völlig analog zu *FHIDE* könnten Programme geschrieben werden, die *ReadOnly*-Dateien oder System-Dateien aufspüren.

Neben den Dateiattributen können Sie aber auch die Dateigröße (wie bei *Fsize*), oder den Dateinamen auf vielfältige Weise verwenden. Auf ein weiteres Anwendungsgebiet, die Dateizeit, kommen wir bei den Utilitys *New* und *Volx* noch zu sprechen. Damit ist dann gezeigt, daß *FindFirst* und *FindNext* die beiden umfangreichsten DOS-Funktionen im Umgang mit Dateien und Verzeichnissen sind.

Programm-Quellcode

Auf einen Abdruck des Programm-Quellcodes wird an dieser Stelle verzichtet, weil die Utility sehr ähnlich aufgebaut ist wie FHIDE.

KILL1

Thematik

Von Zeit zu Zeit steht ein PC-Benützer vor der Aufgabe, einen PC mit Festplatte neu zu konfigurieren. Dies bedeutet dann meistens, daß die Festplatte neu formatiert werden muß, was je nach Größe und Schnelligkeit der Platte 3 bis 15 Minuten dauert.

Die Alternative dazu besteht darin, manuell alle Dateien und Verzeichnisse zu löschen. Doch diese Methode hat einen gravierenden Nachteil: Sie ist besonders bei Festplatten mit hoher Kapazität und vielen Dateien sehr mühsam. Wenn sich dann noch versteckte Dateien und schreibgeschützte Dateien darauf befinden, wird diese Methode zur Qual.

Es gibt aber einen zugleich schnelleren und automatischen Ausweg, der die zweite Methode wieder attraktiv macht: Ein Programm, das sich automatisch durch den Verzeichnisbaum der Festplatte durcharbeitet, alle Dateiattribute entfernt und die Dateien und die Verzeichnisse automatisch löscht. Diese

Methode ist deutlich schneller als eine Neuformatierung, sie benötigt ca. 1½ - 2 Minuten für eine volle Festplatte von 40 Mbyte.

Die schnellste Methode bestünde zweifellos darin, das Wurzelverzeichnis und die FAT (File Allocation Table) zu überschreiben. Dies würde nur wenige Sekunden dauern, doch ist die Methode für Festplatten ungemein gefährlich und sollte nicht angewandt werden: Im Falle eines versehentlichen Löschens gibt es keine Möglichkeit mehr, den noch vorhandenen Datenhaufen auf der Festplatte innerhalb einer nützlichen Frist wieder zu reaktivieren. Eine Wiederherstellung der ursprünglichen Daten wäre mit sehr viel Aufwand verbunden, evtl. sogar unmöglich (je nach Fraktionierung der Daten).

Die Utility KILL1 wählt deshalb den etwas langsameren Weg, der aber immer noch schneller als eine Neuformatierung ist. Da die Dateien nicht physikalisch gelöscht werden, ist im Notfall die Wiederherstellung des ursprünglichen Zustandes möglich (z.B. mit den Norton Utilities).

Nach dem Gebrauch von KILL1 sollten die Systemdisks mit dem DOS-Befehl *SYS C:* wieder auf den Stand einer Systemdisk gebracht werden (KILL1 beseitigt auch die Systemdateien).

Aufruf des Programms/Parameter:

KILL1 LW:

Beisp.:   KILL1 A: etc.

Falls kein Laufwerk angegeben wird, zeigt das Programm eine kurze Hilfemeldung. Andernfalls kommt die Abfrage "Sind Sie sicher ?" und nach einem "J" für "Ja" beginnt der Löschvorgang. Das Laufwerk muß aus Sicherheitsgründen **immer** angegeben werden. Ein Löschvorgang auf einem Defaultlaufwerk wäre viel zu gefährlich, der Benützer sollte sehen, welches Laufwerk er räumen läßt.

Ziel/Zweck des Programms:

Löscht alle Dateien einer Disk/Diskette und entfernt dabei auch alle Dateiattribute und Verzeichnisse.

```
Die Datei A:\ADRESS3.TXT wird gelöscht !
Die Datei A:\ADRESS4.TXT wird gelöscht !
Die Datei A:\AFRIKA.TXT wird gelöscht !
Die Datei A:\ASCII.TXT wird gelöscht !
Die Datei A:\BAFOEG.TXT wird gelöscht !
Das Directory A:\6 wird gelöscht !
Das Directory A:\BASIC wird gelöscht !
Das Directory A:\DBASE wird gelöscht !
Das Directory A:\FISCHER wird gelöscht !
Das Directory A:\NU wird gelöscht !
Das Directory A:\PE2 wird gelöscht !
Das Directory A:\TREE wird gelöscht !
Das Directory A:\WORD wird gelöscht !

8 Dateien gelöscht
8 Directories gelöscht

bel. Taste drücken ...
```

Abbildung 12: Bildschirmausgabe von KILL1

Funktions-Schema:

KILL1 arbeitet nach folgendem Schema:

- ► Cursor sichern und verstecken.
- ► Graphikkarte bestimmen und entsprechend die Farben setzen.
- ► Startbild hinschreiben.
- ► Den Übergabeparameter ParamStr(1) in Variable speichern.
- ► Falls Hilfe angefordert wird, Ausgabe eines Hilfstextes und Programmende.
- ► Ausgabe der Abfrage "Sind Sie sicher ?"
- ► Falls kein "J" für "Ja" eingegeben wird, Programm beenden.
- ► Variablen "Zaehler1/2" initialisieren.
- ► Überprüfung auf Fehleingaben: Gegebenenfalls Programm beenden.
- ► Disk auf Schreibschutz überprüfen.
- ► Verzweigung in die Subroutine KI.
- ► 1. Datei im aktuellen Verzeichnis suchen.
- ► Schleife:
  - ■ Datei(en) im aktuellen Verzeichnis suchen (Beginn mit Root).
  - ■ Dateiattribute entfernen.
  - ■ Datei löschen.
- ► Schleifenende

- ► 1. Unterverzeichnis im aktuellen Verzeichnis suchen.
- ► Schleife:
  - ■ Rekursiver Aufruf von KI eine Ebene tiefer.
  - ■ Rückkehr von der letzten, höheren Ebene.
  - ■ Leeres Unterverzeichnis entfernen. (!)
- ► Schleifenende.
- ► Ende von KI.
- ► Ausgabe der Anzahl gelöschter Dateien (Zähler1).
- ► Ausgabe der Anzahl gelöschter Unterverzeichnisse (Zähler2).
- ► Programmende.

Verwendete DOS-Funktionen/Prozeduren:

Prozedur:	Verwendungszweck:
► Assign:	einer Datei-Variablen eine externe Datei zuordnen.
► ChDir:	Verzeichnis wechseln.
► Close:	Datei schließen.
► ClrScr:	Bildschirm löschen.
► Delay:	Programmverzögerung.
► DetectGraph:	Graphikkarte bestimmen.
► DosError:	Fehlerbehandlung (wie IoResult).
► Erase:	Datei löschen.
► FindFirst,2 FindNext:	Verzeichniseinträge ermitteln.
► GoToXY:	Ausgabe auf dem Bildschirm positionieren.
► Intr ($10, Regs):	Cursor sichern/verstecken/restaurieren.
► Keypressed:	Taste gedrückt? (Boolean)?
► Rewrite:	eine neue Datei erzeugen und öffnen.
► RmDir:	Unterverzeichnis entfernen.
► SetFAttr:	Dateiattribut setzen.
► TextBackground, ► TextAttr, TextColor:	Vordergrund-/Hintergrundfarbe setzen.
► Window:	Bildschirmausschnitt festlegen.

Verwendete Unterprogramme:

GetCursor   speichert die aktuellen Cursoreinstellungen, so daß sie nach dem Programmende wieder restauriert werden können (Interrupt 10h).

HideCursor   ist eine kurze Prozedur, die ebenfalls auf den Interrupt 10h zugreift. Sie läßt den Cursor vom Bildschirm verschwinden, da es optisch störend ist, wenn in einer Bildschirmmaske der Cursor irgendwo herumhängt.

ShowCursor   läßt den Cursor beim Programmende wieder erscheinen. Dabei werden die von -> *GetCursor* gesicherten Daten wieder gesetzt. Dies gewährt, daß unabhängig von der vorherigen Cursorform wieder derselbe Cursor gesetzt wird.

Fehl   gibt eine Fehlermeldung aus, wenn im Programm irgendein Fehler aufgetreten ist. Anschließend wird das Programm beendet.

Help   gibt eine Hilfsstellung aus, wenn als Parameter ein Fragezeichen übergeben wird.

KI   löscht alle Dateien und Verzeichnisse eines Laufwerkes, indem es sich rekursiv aufruft und so durch den ganzen Verzeichnisbaum des Laufwerks durcharbeitet.

Der Programmablauf des Hauptprogramms ist im wesentlichen derselbe wie in den Utilities *FFT*, *FHIDE* und *FSIZE*. Die Prozedur *KI* unterscheidet sich jedoch von den Prozeduren *FF* in zwei wesentlichen Punkten, die wir im Folgenden betrachten wollen:

```
{************************************************************}
{* REKURSIVE SUCHE DURCH DEN VERZEICHNISBAUM DER HARDDISK/DISK *}
{************************************************************}

PROCEDURE KI(PFAD : STRING);

VAR SUCHE      : SEARCHREC;

BEGIN

   {* SUCHE ERSTE DATEI IM BETREFFENDEN DIRECTORY *}

   FINDFIRST(PFAD+DATEI,$27,SUCHE);  {* DATEI MIT BEL. ATTRIBUTEN*}
```

```pascal
    {* SOLANGE KEIN FEHLER AUFTRITT UND WEITERE DATEIEN GEFUNDEN *}
    {* WERDEN ...                                               *}

    FEHLER := DOSERROR;
    IF ((FEHLER <> 0) AND (FEHLER <> 18)) THEN BEGIN
      FEHL(FEHLER);
      HALT(0);
    END; {* IF *}
    WHILE (DOSERROR = 0) DO BEGIN

      {**************************************************}
      {* 1. GEFUNDENE DATEI LOESCHEN                    *}
      {* WEITERE DATEIEN SUCHEN                         *}
      {**************************************************}
      WRITELN('    Die Datei ',PFAD+SUCHE.NAME,' wird gelöscht !');
A)    ASSIGN(F,PFAD+SUCHE.NAME); {* DATEI-ID ZUWEISEN       *}
      SETFATTR(F,$0);            {* FILE-ATTRIBUTE ENTFERNEN *}
      ERASE(F);                  {* DATEI LOESCHEN          *}
      ZAEHLER1:=ZAEHLER1+1;      {* 1 DATEI MEHR GELOESCHT  *}
      FINDNEXT(SUCHE);           {* NAECHSTE DATEI SUCHEN   *}
    END;


    {********************************}
    {* 2. SUB-SUB-DIRECTORIES SUCHEN*}
    {********************************}

    FINDFIRST(PFAD+'*.*',$37,SUCHE);

    {*****************************************************************}
    {* REKURSIVER AUFRUF DER PROZEDUR IN WEITEREN SUB-DIRECTOR.  *}
    {*****************************************************************}

    WHILE (DOSERROR = 0) DO BEGIN
      DIR_FLAG:=FALSE;
      CASE SUCHE.ATTR OF         {* FALLS EINTRAG = DIRECTORY *}
        16..23: DIR_FLAG:=TRUE;  {* ATTRIBUT BELIEBIG         *}
        48..55: DIR_FLAG:=TRUE;
      END;
      IF (SUCHE.NAME <> '.') AND (SUCHE.NAME <> '..') AND
        (DIR_FLAG) THEN BEGIN

        {* WEITERFAHREN IN SUBDIRECTORY *}
```

```
        {* WEITERFAHREN IN SUBDIRECTORY *}


        KI(PFAD+SUCHE.NAME+'\');
        WRITELN('   Das Directory ',PFAD+SUCHE.NAME,' wird ',
                'gelöscht !');
  B)      RMDIR(PFAD+SUCHE.NAME);  {* DIRECTORY LOESCHEN         *}
          ZAEHLER2:=ZAEHLER2+1;    {* 1 DIRECTORY MEHR GELOESCHT *}
        END;
      FINDNEXT(SUCHE);             {* NAECHSTES DIRECTORY SUCHEN *}
    END; {* WHILE *}
  END; {* PROZEDUR KI *}
```

Im Teil A) des Programms werden für jede gefundene Datei die Dateiattribute entfernt und die Datei wird gelöscht. Daß alle Dateien gefunden und gelöscht werden, ist einerseits durch die Wahl des Suchattributes sichergestellt: Mit $27 (ReadOnly + System + Hidden + Archive) werden alle Dateien gefunden, aber kein Vol-Label und kein Verzeichnis. Als Dateikriterium wird vom Hauptprogramm außerdem "*.*" übergeben, so daß auch von dieser Seite keine Einschränkung besteht.

Im Teil B) des Programms schließlich wird der eigentliche Vorteil der Rekursion ausgenützt: Zuerst verzweigt das Programm rekursiv in ein Unterverzeichnis. Möglicherweise verzweigt es anschließend in ein noch tiefer gelegenes Unterverzeichnis usw. Bei der Rückkehr an den Punkt (B) ist schließlich garantiert, daß alle tiefer gelegenen Verzeichnisse und Dateien bereits gelöscht wurden. Es braucht also nur noch ein leeres Verzeichnis entfernt zu werden (was normalerweise kein Problem ist). Dabei ist besonders die Tatsache zu beachten, daß ein Verzeichnis zwar ein *ReadOnly* - Attribut erhalten kann, der DOS-Befehl *RmDir* (RemoveDirectory) aber trotzdem uneingeschränkt funktioniert.

****

NEW

Thematik

Seit den ersten Versionen von MS-DOS wird die Dateierstellungszeit und das Datum der Erstellung im Verzeichnis als Information abgelegt. So hat der Anwender stets eine gute Übersicht, wann seine Dateien erstellt oder verändert wurden. In den meisten Fällen ist es dann auch nicht nötig, diese Dateizeit ändern zu können - oder vielleicht doch?

Es gibt tatsächlich Situationen, in denen man froh ist, wenn man in einem Verzeichnis alle Dateien auf dieselbe Uhrzeit und dasselbe Datum setzen kann. Ein Beispiel: Herr Y arbeitet an einem umfangreichen Softwareprojekt. Dabei erstellt er laufend neue Programme, die compiliert und gelinkt werden. Mit der Zeit ergibt sich so eine Ansammlung von Programm-Modulen, EXE-Dateien und Overlays. Bereits nach einem halben Jahr können auf diese Art viele Dateien entstanden sein, die nicht zu derselben Zeit geändert worden sind. Die Dateizeiten und das Erstellungsdatum variieren von Datei zu Datei - nichts ist einheitlich. Wenn nun eine Endversion entsteht und zu einem bestimmten Zeitpunkt dokumentiert werden soll, müßte eine Programmsammlung mit einheitlichem Datum vorliegen. In diesem Falle ist es unsinnig und mühsam, alle Dateien neu zu editieren, zu compilieren und zu linken, nur damit ein einheitliches Datum bei allen Dateien vorliegt.

Die Utility *New* setzt bei allen spezifizierten Dateien dasselbe aktuelle Datum und dieselbe momentane Uhrzeit. So kann eine Programmsammlung mit einheitlichem Verzeichnis in Bezug auf Datum und Zeit angeboten werden.

Für den unwahrscheinlichen Fall, daß jemand ein früheres Dateidatum setzen möchte, können mit den DOS-Befehlen *Date* und *Time* das Systemdatum und die Systemzeit verändert werden. Die Utility *New* übernimmt dann diese veränderte Zeit.

Aufruf des Programms/Parameter:

NEW [Pfad] Datei.Ext

Beisp.:   NEW A:XY.PAS oder

        NEW *.* etc.

Falls kein Parameter oder ein Fragezeichen übergeben werden, zeigt das Programm eine kurze Hilfemeldung. Andernfalls werden bei allen angegebenen Dateien die Uhrzeit und das Datum neu auf den aktuellen Wert gesetzt. Die geänderten Dateien werden dabei wie beim *DIRP*-Befehl alle am Bildschirm gezeigt - mit neuem Datum und neuer Uhrzeit.

Ziel/Zweck des Programms:

Alle Dateien sollen einheitlich auf das aktuelle Datum und die aktuelle Uhrzeit gesetzt werden, z.B. zur Dokumentation eines Projektes oder einer Zwischenversion eines Projektes.

Grenzen des Programms:

Schreibgeschützte Dateien, versteckte und System-Dateien werden nicht verändert. Das Programm bricht in diesem Fall mit einer Fehlermeldung ab.

```
Suchkriterium: *.*

Dateiname:              Attrib:  Grösse:  Datum:       Zeit:

   IBMBIO      COM       ....     22169   26-06-1991   17:00:00
   IBMDOS      COM       ....     30159   26-06-1991   17:00:00
   ANSI        SYS       ....      1678   26-06-1991   17:00:00
   AUTOEXEC    BAT       A...       198   26-06-1991   17:00:00
   AUTOEXEC    ORI       ....       486   26-06-1991   17:00:00
   COMMAND     COM       ....     25979   26-06-1991   17:00:00
   CONFIG      SYS       A...       168   26-06-1991   17:00:00
   COUNTRY     SYS       ....     11285   26-06-1991   17:00:00
   DMDRVR      BIN       ....      7699   26-06-1991   17:00:00
   DRIVER      SYS       ....      1204   26-06-1991   17:00:00
   FCD         INI       A...       841   26-06-1991   17:00:00
   GOMOUSE     BAT       ....       104   26-06-1991   17:00:00

Weiter --> eine Taste betätigen ...
```

Abbildung 12: Bildschirmausgabe von New

Funktions-Schema:

New arbeitet nach folgendem Schema:

- ▶ Cursor sichern und verstecken.
- ▶ Graphikkarte bestimmen und Farben entsprechend setzen.
- ▶ Startbild hinschreiben.
- ▶ Variablen initialisieren.
- ▶ Falls Hilfe gewünscht wird, einen Hilfstext schreiben und anschließend das Programm verlassen.
- ▶ Datei suchen. Bei Fehlern Programm verlassen.
- ▶ Schleife: Für jede Datei
  - ▪ Dateiname, Dateigröße, Dateiattribute bestimmen.
  - ▪ Systemdatum und Systemzeit holen.
  - ▪ Datum und Zeit in LongInt-Variable "packen".
  - ▪ Datei öffnen. Zeit und Datum setzen.
  - ▪ Konversion der Zeitdaten in einen String.
  - ▪ Alle 12 Zeilen warten, bis eine Taste gedrückt wird und eine neue Überschrift hinschreiben.
  - ▪ Falls < ESC > gedrückt wird, Programm verlassen.
  - ▪ Verzeichniseintrag hinschreiben.
  - ▪ Nächste Datei suchen.
- ▶ Schleifenende.
- ▶ Anzahl Dateien + Bytes-Summe angeben.
- ▶ Programmende.

Verwendete DOS-Funktionen/Prozeduren

Prozedur:	Zweck:
▶ Assign:	einer Datei-Variablen eine externe Datei zuordnen.
▶ Close:	Datei schließen.
▶ ClrScr:	Bildschirm löschen.
▶ Delay:	Programmverzögerung.
▶ DetectGraph:	Graphikkarte bestimmen.
▶ DosError:	Fehlerbehandlung.
▶ FindFirst, FindNext:	Verzeichniseinträge ermitteln.
▶ GetDate:	Systemdatum holen.

▸ GetTime:	Systemzeit holen.
▸ GoToXY:	Ausgabe auf dem Bildschirm positionieren.
▸ Intr ($10, Regs):	Cursor holen, verstecken und am Ende wieder sichtbar machen.
▸ IoResult:	Fehlerbehandlung.
▸ Keypressed:	Taste gedrückt (Boolean)?
▸ ReadKey:	Zeichen von der Tastatur lesen.
▸ Reset:	öffnet eine existierende Datei.
▸ SetFTime:	Datum und Uhrzeit einer Datei setzen.
▸ TextBackground, TextAttr, TextColor:	Vordergrund-/Hintergrundfarbe setzen.
▸ Window:	Bildschirmausschnitt festlegen.

Verwendete Unterprogramme:

GetCursor   speichert die aktuellen Cursoreinstellungen, so daß sie nach dem Programmende wieder restauriert werden können (Interrupt 10h).

HideCursor   ist eine kurze Prozedur, die ebenfalls auf den Interrupt 10h zugreift. Sie läßt den Cursor vom Bildschirm verschwinden, da es optisch störend ist, wenn in einer Bildschirmmaske der Cursor irgendwo herumhängt.

ShowCursor   läßt den Cursor beim Programmende wieder erscheinen. Dabei werden die von -> *GetCursor* gesicherten Daten wieder gesetzt. Dies gewährt, daß unabhängig von der vorherigen Cursorform wieder derselbe Cursor gesetzt wird.

Fehl   gibt eine Fehlermeldung aus, wenn im Programm irgendein Fehler aufgetreten ist. Anschließend wird das Programm beendet.

Ende   schreibt eine Schlußmeldung auf den Bildschirm, stellt die normale Textanzeige wieder her und beendet das Programm.

Hauptprogramm

Zu Beginn des Programms wird die Cursoreinstellung gesichert und anschließend der Cursor versteckt. Nachdem die Art der Graphikkarte ermittelt ist, werden die Vordergrund- und die Hintergrundfarbe im Textmodus entsprechend gesetzt.

Nach dem Startbild für das Programm werden die Variablen *Vol_Flag*, *Pfad* und *Datei* initialisiert und es wird überprüft, ob Hilfe für den Befehl angefordert wurde. Falls ja, wird ein Hilfstext ausgegeben und anschließend das Programm verlassen.

In allen übrigen Fällen werden nun die Variablen *Summe* (Bytesumme der Dateien) und *Zähler* (Anzahl Dateien) initialisiert. Der Dateisuchbegriff wird aufgrund des an die Variable *Datei* übergebenen Parameters gesetzt, z. B. Suchbegriff := '*.PAS'. Danach wird mit der Dateisuche begonnen. Falls keine Datei gefunden wird, wird das Programm mit einer Fehlermeldung abgebrochen. Das kann z. B. dann geschehen, wenn das Diskettenlaufwerk keine Diskette enthält oder der Suchpfad nicht existiert.

Falls mindestens eine Datei gefunden wird (mit *FindFirst*), verzweigt das Programm in eine Schleife, die erst dann beendet wird, wenn ein Fehler auftritt oder keine weiteren Dateien mehr gefunden werden. In dieser Schleife werden

a)   der Dateiname festgelegt. Dazu wird der Name in ein Feld fixer Länge getrimmt.

b)   die Dateigröße in eine Stringvariable fixer Länge abgefüllt.

c)   die Dateiattribute bestimmt.

d)   die Systemzeit und das Datum geholt.

e)   die Zeitangaben über den Record *Timdat1* vom Typ *DateTime* in eine 4-Byte LongInt-Variable gepackt.

f)   die Datei geöffnet und die neuen Zeitangaben gesetzt.

g)   die Zeitangaben (Uhrzeit, Datum) in String-Variablen konstanter Länge abgefüllt (zwecks schönerer Darstellung auf dem Bildschirm).

h)   nach je 12 Verzeichnis-Einträgen der Bildschirm angehalten und ein neuer Titel ausgegeben; falls die < ESC > -Taste. gedrückt wird, wird das Programm verlassen.

i)   der Dateieintrag mit Namen, Dateigrößen, Attributen, dem Zeitpunkt der Erstellung und dem Datum hingeschrieben.

Nach Verlassen der Schleife wird die Anzahl der Dateien und die Bytes-summe ausgegeben und das Programm mit einer Schlußmeldung beendet.

Der Record-Typ "DateTime"

Im Programm wird eine neue *DOS-Variable* verwendet, nämlich *Timdat1* vom Typ *DateTime*. Sie wird zusammen mit den Prozeduren *PackTime* und *UnpackTime* verwendet, die Datum und Uhrzeit in ein gepacktes Format bringen. Die Prozedur *SetFTime* arbeitet mit Daten dieses gepackten Formates, deshalb müßen die Zeit- und Datumsangaben zuerst in ein gepacktes Format gebracht werden.

Der Typ *DateTime* ist folgendermaßen definiert:

```
type
DateTime = Record
   Year, Month, Day, Hour, Min, Sec: Integer;
End;
```

Mit der Anweisung *Packtime(Timdat1, Time1);* wird die normale Zeitangabe im Record Timdat1 in die *LongInt* - Variable Time1 gepackt.

Dieses Format kann dann die Prozedur SetFTime verwenden, um die Datei-zeit und das Dateidatum direkt zu setzen. Was für eine Arbeit die Prozedur *PackTime* dem Programmierer abnimmt, wird erst klar, wenn man das Format der Zeit und des Datums im Verzeichniseintrag betrachtet. Jeder Verzeichnis-eintrag belegt 32 Bytes, welche die in der folgenden Tabelle dargestellte Funktion aufweisen:

Byte	Bedeutung
00h-07h	Linksbündig ausgerichteter Dateiname.
08h-0Ah	Namenserweiterung.
0Bh	Dateiattribut. (vgl. Kapitel 2)
0Ch-15h	reserviert.
16h-17h	Datei-Uhrzeit des letzten Schreib-Zugriffes. LowByte: HHHHHMMM HighByte: MMMSSSSS Dabei steht "HHHHHMMM" für das Bit-Muster der Stunden und Minuten,"MMMSSSSS" für den restl. Minutenanteil und die Sekunden. An jeder Position ist eine 0 oder 1.

Byte	Bedeutung
17h-18h	Dateidatum des letzten Schreibzugriffes.
LowByte:	JJJJJJJM HighByte: MMMTTTTT J steht hier für das Jahr, M für den Monat und T für
1Ah-1Bh	Start-Cluster der Datei.
1Ch-1Fh	Datei-Größe in Bytes.

Tabelle 1: Verzeichniseinträge

Wie man sofort erkennt, benötigen das Datum und die Uhrzeit einer Datei 4 Bytes. Genauso lang ist aber die LongInt-Variable *Time1*, die dieselbe Information gepackt enthält. Die Prozedur *PackTime* besorgt also automatisch die richtige Konversion der Daten, so daß die Prozedur *SetFTime* nur noch die Arbeit des DOS-Interrupt 21h, Funktion 57h ausführen muß (Zeit setzen). Die Datei, bei der die Zeit und das Datum gesetzt werden sollen, muß vorher noch geöffnet werden.

Programm-Quellcode:

Auf einen Abdruck des Programms an dieser Stelle wird verzichtet. Es weist im wesentlichen dieselbe Struktur auf wie *Dirp*. Auf den dem Buch beigelegten Disketten ist der Code aber vorhanden.

4.5 Dateizerlegung

Thematik

Um Daten zwischen zwei PC's auszutauschen, gibt es verschiedene Möglichkeiten. Am einfachsten ist der Datenaustausch in einem Netzwerk, wo ohne größeren Aufwand verschiedene Dateigrößen hin und her kopiert werden können. Wenn aber private Benützer, die kein Modem besitzen, große Dateien versenden wollen, muß die Diskette als Datenträger benützt werden. Disketten haben jedoch ein sehr begrenztes Fassungsvermögen. Was sollen also PC-Besitzer tun, wenn sie eine Datei von 3 Mbyte Größe versenden wollen?

Eine Lösung dieses Problemes besteht darin, den DOS-*Backup*-Befehl zu verwenden: Er zerstückelt große Dateien und der *Restore*-Befehl setzt sie hinterher wieder zusammen.

Dies funktioniert aber leider nur dann, wenn zwei Benützer, die Daten austauschen wollen, auch dieselbe DOS-Version haben. Sonst ist diese Lösung nicht anwendbar. Bevor Sie sich nun Gedanken über auswechselbare Festplatten machen, wollen wir eine einfache Lösungsmethode betrachten, die immer funktioniert und nicht teuer ist:

Die Idee vom Backup ist gut, nur sollte sie immer anwendbar sein.

Die Utility *Split* zerstückelt Dateien derart, daß die Bruchteile genau auf ein gewünschtes Diskettenformat passen. Mit einem weiteren Utility (*Comb* für Combine) werden die Bruchstücke dann auf einem anderen System wieder zusammengesetzt. Die verwendete Methode funktioniert unter allen DOS-Versionen und ist beliebig anwendbar.

Vor allem bei IBM-XT's und Kompatiblen, die nur über ein 360 kByte Laufwerk verfügen, ist die Methode von großem Nutzen, da die Dateigröße von 360 kByte schnell einmal überschritten wird.

Wie funktioniert Split? - Mit Hilfe der Prozeduren *BlockRead* und *BlockWrite* wird die ursprüngliche Datei Byte für Byte in einen Puffer (der Größe von

2048 Byte) gelesen und aus diesem wieder in eine Zieldatei geschrieben. Sobald ein Zähler meldet, daß die Diskettengröße erreicht ist, wird eine neue Datei eröffnet und der restliche Inhalt der Originaldatei in diese neue Datei geschrieben (oder in noch weitere Dateien, falls nötig). Die Dateinamen der Bruchteile werden ohne viel Phantasie wie folgt benannt: *Teil0.Doc*, *Teil1.Doc, ... Teiln.Doc.*

Das Zerstückeln der Originaldatei wird dabei in Vielfachen von 2 kByte (2048 Byte) vorgenommen, weil diese Größe auf der Festplatte gerade einem Cluster entspricht. Im Prinzip wäre aber diese Größe frei wählbar.

Aufruf des Programms/Parameter:

SPLIT   Datei.Ext   [Anzahl Blöcke à 2 kByte]

Bsp.:   "SPLIT   Datei.Ext   177" füllt gerade 360 kByte-Disketten.

Falls kein Parameter oder ein Fragezeichen übergeben werden, zeigt das Programm einen kurzen Hilfstext. Andernfalls wird die Datei in Bruchstücke zerlegt, deren Größe gerade der Spezifikation in Vielfachen von 2 kByte-Blöcken entspricht. Falls der zweite Parameter weggelassen wird, werden immer 360 kByte-Bruchteile erzeugt.

Ziel/Zweck des Programms:

Zerstückelung von großen Dateien mit dem Ziel, auch dann einen Datentransfer per Diskette zu ermöglichen, wenn die Dateigröße das Diskettenfassungsvermögen übersteigt.

```
Ich teile die Datei    BUCH.TXT
Anzahl Blöcke à 2 kByte pro Teil:30

TEIL0.DOC wird erstellt ...
TEIL1.DOC wird erstellt ...
TEIL2.DOC wird erstellt ...
TEIL3.DOC wird erstellt ...
TEIL4.DOC wird erstellt ...
TEIL5.DOC wird erstellt ...
TEIL6.DOC wird erstellt ...
TEIL7.DOC wird erstellt ...
TEIL8.DOC wird erstellt ...

Bel. Taste drücken ...
```

Abbildung 13: Bildschirmausgabe von Split

Funktions-Schema:

Split arbeitet nach folgendem Schema:

- ► CtrlBreak deaktivieren.
- ► Cursor sichern und verstecken.
- ► Graphikkarte bestimmen und Farben entsprechend setzen.
- ► Startbild hinschreiben.
- ► Variablen initialisieren.
- ► Falls Hilfe gewünscht wird, einen Hilfstext schreiben und anschließend Programm verlassen.
- ► Datei suchen. Bei Fehlern Programm verlassen.
- ► Verzweigung in die Prozedur "Teil".
- ► Übeprüfung, ob Eingabedatei bereits "Teilxy.doc" heißt.
- ► Falls ja, Programm mit einer Fehlermeldung verlassen.
- ► Eingabedatei öffnen, Zählvariablen und Dateigröße initialisieren.
- ► 1. Ausgabedatei öffnen. (Teil0.doc)
- ► Schleife:
  - ■ Solange nicht die ganze Eingabedatei kopiert wurde, in die Ausgabedatei schreiben, bis die Anzahl Blöcke erreicht wird, die dem Programm vorgegeben wurden.
  - ■ Falls Anzahl Blöcke erreicht, dann Ausgabedatei schließen.
  - ■ Nächste Ausgabedatei öffnen.
- ► Schleifenende.
- ► Sobald alles kopiert ist, letzte Teildatei und Originaldatei schließen.
- ► Schlußmeldung hinschreiben.
- ► Programmende.

Verwendete DOS-Funktionen/Prozeduren:

Prozedur/Array:	Verwendungszweck:
► Assign:	einer Datei-Variablen eine externe Datei zuordnen.
► Blockread,-write:	Blockweises Lesen/Schreiben einer Datei.
► Checkbreak:	Boolean, der CtrlBreak inaktiviert.
► Close:	Datei schließen.
► ClrScr:	Bildschirm löschen.
► Delay:	Programmverzögerung.
► DetectGraph:	Graphikkarte bestimmen.
► DosError:	Fehlerbehandlung.

....

► FileSize:	Bestimmt die Dateigröße in Bytes.
► FindFirst:	1. Verzeichniseintrag ermitteln.
► GoToXY:	Ausgabe auf dem Bildschirm positionieren.
► Intr ($10, Regs):	Cursor sichern/verstecken/restaurieren.
► IoResult:	Fehlerbehandlung.
► Keypressed:	Taste gedrückt (Boolean)?
► ReadKey:	Zeichen von der Tastatur lesen.
► Reset:	eine existierende Datei öffnen.
► Rewrite:	eine neue Datei erzeugen und öffnen.
► SetFAttr:	Dateiattribut setzen.
► TextBackground, TextAttr, TextColor:	Vordergrund-/Hintergrundfarbe setzen.
► Window:	Bildschirmausschnitt festlegen.

Verwendete Unterprogramme:

GetCursor speichert die aktuellen Cursoreinstellungen, so daß sie nach dem Programmende wieder restauriert werden können (Interrupt 10h).

HideCursor ist eine kurze Prozedur, die ebenfalls auf den Interrupt 10h zugreift. Sie läßt den Cursor vom Bildschirm verschwinden, da es optisch störend ist, wenn in einer Bildschirmmaske der Cursor irgendwo herumhängt.

ShowCursor läßt den Cursor beim Programmende wieder erscheinen. Dabei werden die von -> *GetCursor* gesicherten Daten wieder gesetzt. Dies gewährt, daß unabhängig von der vorherigen Cursorform wieder derselbe Cursor gesetzt wird.

Fehl gibt eine Fehlermeldung aus, wenn im Programm irgendein Fehler aufgetreten ist. Anschließend wird das Programm beendet.

Help gibt eine Hilfsstellung aus, wenn als Parameter gar nichts oder ein Fragezeichen übergeben wird.

Teil überprüft zuerst, ob die Originaldatei denselben Namen hat wie die zu erstellenden Zieldateien. Falls ja, wird das Programm mit einer Fehlermeldung abgebrochen. (In diesem Falle müßte zuerst die Originaldatei umbenannt werden.) Sonst wird nun die zu teilende Datei zum Lesen geöffnet. Die Variable *Größe* erhält den Wert der Dateigröße der zu teilenden Datei zugewiesen. Die Variable *K* erhält zu Beginn den Wert null. Sie wird benützt, um die Anzahl kopierter Cluster zu zählen. Die Zählvariable *J* erhält die fortlaufende Dateinummer der Teildateien *Teil0 ... Teiln (J = 1, 2, ... n)*.

Nun wird die erste Teildatei (Teil0.doc) für Schreibzugriffe geöffnet. Anschließend verzweigt das Programm in eine Schleife. Darin wird die aktuelle Teildatei (Teilx.doc) beschrieben, bis die Variable *K* die Anzahl vorgegebener Cluster à 2048 Bytes erreicht hat, oder die Originaldatei fertig kopiert ist. Falls *K* die Anzahl Cluster à 2048 Bytes erreicht hat, wird die aktuelle Teildatei (Teilx.doc) geschloßen und die Folgedatei (Teilx+1.doc) eröffnet. Dies dauert so lange, bis die Originaldatei fertig kopiert ist.

Ein Problem muß beachtet werden, das auch schon beim Programm Lock auftritt: Der letzte Cluster der letzten Teildatei wird meist nicht mehr vollständig beschrieben, sondern nur noch die Anzahl Bytes, die bis zum Dateiende der Originaldatei verbleiben. Vgl. auch das folgende Programm-Listing der Prozedur *Teil*:

```
{******************************************************}
{* TEILT EINE DATEI IN KLEINERE BRUCHSTUECKE          *}
{******************************************************}


PROCEDURE TEIL;


CONST BUFSIZE =  2048;               {* PUFFERGROESSE          *}



VAR ZAEHLER  : LONGINT;              {* ANZAHL KOPIERTE BYTES) *}
    GROESSE  : LONGINT;              {* DATEIGROESSE           *}
    BUFFER   : ARRAY [1..BUFSIZE]    {* LESE/SCHREIB-PUFFER    *}
               OF CHAR;
    RESULT   : WORD;                 {* ANZAHL KOPIERTE RECORDS *}
    FILENAME : STRING[12];
    SOURCE   : FILE;                 {* EINGABEDATEI           *}
    DEST     : FILE;                 {* AUSGABEDATEIEN (DIV.)  *}
    J        : INTEGER;              {* ZAEHLVARIABLE          *}
BEGIN
```

```
{* VAR. INITIALISIEREN *}
{* VAR. INITIALISIEREN *}

FOR J:=1 TO BUFSIZE DO BEGIN
  BUFFER[J]:=CHR(0);
END; {* FOR *}

IF (POS('TEIL',NAME) = 1) THEN BEGIN
   WRITELN;
   WRITELN(' Bitte einen anderen Eingabedatei-Namen wählen !');
   WRITELN(' ENDE.          ');
   EXIT;
END; {* IF *}

ASSIGN(SOURCE, NAME);
SETFATTR(SOURCE, 0);
FEHLER:=DOSERROR;
IF (FEHLER <> 0) THEN FEHL(FEHLER);
RESET(SOURCE, 1);
FEHLER:=IORESULT;
IF (FEHLER <> 0) THEN FEHL(FEHLER);

{* AUFTRETENDE FEHLER ABFANGEN *}



{* GRUNDPARAMETER ZUORDNEN *}
{* GRUNDPARAMETER ZUORDNEN *}

GROESSE := FILESIZE(SOURCE);
FEHLER:=IORESULT;
IF (FEHLER <> 0) THEN FEHL(FEHLER);

ZAEHLER := 0;    {* ANZAHL KOPIERTE BYTES = 0 *}
K := 0;          {* ANZAHL KOPIERTE kBytes= 0 *}
J := 0;          {* DATEINUMMER           = 0 *}


{* 1. AUSGABEDATEI OEFFNEN *}

ASSIGN(DEST, 'TEIL0.DOC');
WRITELN;
WRITELN('        TEIL0.DOC wird erstellt ...');
```

```
REWRITE(DEST, 1);
FEHLER:=IORESULT;


(* AUFTRETENDE FEHLER ABFANGEN *)
(* AUFTRETENDE FEHLER ABFANGEN *)


IF (FEHLER <> 0) THEN FEHL(FEHLER);



(* SOLANGE DIE GROESSE DER DATEI NICHT ERREICHT IST, *)
(* KOPIERE DATEI                                     *)


WHILE (ZAEHLER < GROESSE) DO BEGIN

  IF ((GROESSE - ZAEHLER) > BUFSIZE) THEN BEGIN

     BLOCKREAD(SOURCE, BUFFER, BUFSIZE, RESULT);
     FEHLER:=IORESULT;
     IF (FEHLER <> 0) THEN FEHL(FEHLER);
     BLOCKWRITE(DEST, BUFFER, RESULT);
     FEHLER:=IORESULT;
     IF (FEHLER <> 0) THEN FEHL(FEHLER);

     INC(ZAEHLER, BUFSIZE);
     INC(K);

     IF (K = NUMB_OF_BL) THEN BEGIN
        CLOSE(DEST);
        INC(J);
        K := 0;
        STR(J, ST);
        FILENAME := 'TEIL' + ST + '.DOC';
        ASSIGN(DEST,FILENAME);
        WRITELN('          ',FILENAME,' wird erstellt ...');
        REWRITE(DEST, 1);
        FEHLER:=IORESULT;
        IF (FEHLER <> 0) THEN FEHL(FEHLER);
     END; (* IF *)
  END  (* IF THEN *)
  ELSE BEGIN
     BLOCKREAD(SOURCE, BUFFER, GROESSE - ZAEHLER, RESULT);
     FEHLER:=IORESULT;
     IF (FEHLER <> 0) THEN FEHL(FEHLER);
     BLOCKWRITE(DEST, BUFFER, RESULT);
```

```
            FEHLER:=IORESULT;
            IF (FEHLER <> 0) THEN FEHL(FEHLER);
            CLOSE(SOURCE); CLOSE(DEST);
            INC(ZAEHLER, GROESSE - ZAEHLER);
        END; (* ELSE *)
      END; (* WHILE *)
    END;  (* PROZEDUR TEIL *)
```

Damit ist zwar gewährleistet, daß die gesamte Datei richtig kopiert wird. Was aber im letzten Cluster nach dem Dateiende vorhanden ist, ist Zufall. Dies ist jedoch auch bei den anderen DOS-Operationen so. Die Information im letzten Cluster einer Datei ist nur bis zum letzten Byte der Dateigröße eindeutig definiert. Nachher kann irgend etwas vorhanden sein, womit dieser Cluster früher beschrieben wurde.

Hauptprogramm:

Um in ungünstigen Fällen einen Programmabbruch mit Ctrl-Break zu verhindern, wird die Variable *CheckBreak* zu Beginn auf logisch "False" gesetzt. Anschließend wird - wie üblich - die Cursoreinstellung gesichert und dann der Cursor versteckt. Nachdem die Art der Graphikkarte ermittelt ist, werden die Vordergrund- und die Hintergrundfarbe im Textmodus entsprechend gesetzt.

Nachher wird das Startbild für das Programm kurz angezeigt und die Variable *Name* initialisiert. In Paramstr(1) wird nun der Name der zu teilenden Datei übergeben, in Paramstr(2) die Anzahl gewünschte Cluster à 2048 Byte. Danach wird überprüft, ob Hilfe für den Befehl angefordert wurde. Falls ja, wird ein Hilfstext ausgegeben und anschließend das Programm verlassen.

Andernfalls wird die gewünschte Originaldatei gesucht. Falls diese nicht existieren sollte, wird eine Fehlermeldung ausgegeben und das Programm verlassen. Sonst wird die bereits beschriebene Prozedur *Teil* aufgerufen, die nun die Originaldatei zerteilt.

Grenzen des Programmes

Falls eine Datei größer als 2 GigaByte ist, funktioniert das Programm nicht mehr. Dies dürfte jedoch in der Praxis kaum vorkommen, zumal ja DOS 5.0 keine größeren Festplattenpartitionen unterstützt. Außerdem wird ja die praktische "Vernunftsgrenze" schon viel früher erreicht, denn wer will schon 1.000 Disketten mit Teildateien füllen ... . Eine zweite Grenze ist mit der

Anzahl Teildateien gegeben: Es sind maximal 1.000 Teildateien zulässig. Diese Grenze fällt jedoch auch außer Betracht, denn die Grenze von MS-DOS ist bereits mit 512 Einträgen in einem Verzeichnis erreicht (auf einer Festplatte).

In der Praxis viel bedeutender ist jedoch eine andere Einschränkung: die Handhabung mit den Dateien *Teil0.doc* bis *Teiln.doc*. Jedes Mal werden diese Teildateien erzeugt und nur der anschließende Gebrauch des Programmes *Comb* löscht diese Dateien wieder, wenn sie erfolgreich zusammengesetzt worden sind. Wenn nun aber das Programm Comb nicht aufgerufen wird (Festplatte beim ersten Anwender), bleiben diese Dateien auf der Festplatte vorhanden und müßten gelöscht werden. Wenn nun Split ein zweites Mal benützt und zufälligerweise eine kleinere Datei zerstückelt wird, werden weniger neue Teildateien erzeugt als vorher. Die "überfüssigen", höheren Versionsnummern vom ersten Durchgang sind aber nun noch vorhanden. Sie werden dann evtl. aus Vergeßlichkeit auf die Disketten mitkopiert - und auf dem anderen PC wird *Comb* nun ausgeführt. Da *COMB* den Dateiinhalt nicht analysiert, wird nun zur gewollten Datei zusätzlich ein Stück der Datei vom ersten Programmlauf mit *Split* angehängt. Dies ist zwar nicht tragisch, aber dennoch ärgerlich.

Sie sollten deshalb nach jedem Programmlauf von Split (und dem Kopieren der Teildateien auf die Disketten) die evtl. liegengebliebenen Versionen der Teildateien löschen.

Comb

Thematik

Comb ist das Gegenstück von *Split*: Es setzt die aufgeteilten Dateien *Teil1.doc*, *Teil2.doc*, ..., *Teiln.doc* wieder zusammen. Die derart zusammengesetzten Dateien unterscheiden sich in keinem Byte von der ursprünglichen Datei, die von *Split* aufgeteilt wurde.

Nun mag sich jemand fragen, wieso zum Zusammensetzen der Teildateien nicht der *Copy*-Befehl von DOS gebraucht wird, da ja der Befehl

Copy Teil1.doc + Teil2.doc Datei.Ext

ebenfalls mehrere Teile einer Datei wieder zusammenzufügen vermag. Dies funktioniert in der Tat bei Textdateien sehr gut. Programme (*Exe/.Com*), die mit *Split* aufgeteilt wurden, lassen sich aber nicht mehr mit dem *Copy*-Befehl zusammenfügen.

Bei seinem Aufruf sucht die Utility *Comb* die Teildateien *Teil0. doc, Teil1.doc, Teiln.doc* automatisch und setzt sie wieder zusammen. Dabei ist besonders darauf zu achten, daß diese Teildateien von genau einem Aufruf von Split erzeugt wurden. Andernfalls wird ein Unsinn zusammengesetzt, bzw. es entsteht eine Dateivermischung.

Aufruf des Programms/Parameter:

Comb Datei.Ext

Falls kein Parameter oder ein Fragezeichen angegeben wird, zeigt das Programm eine kurze Hilfemeldung. Andernfalls wird die Datei *Datei.Ext* aus den vorhandenen Teildateien *Teil0.doc, Teil1.doc* etc. wieder zusammengesetzt. Es muß also nur der Dateiname angegeben werden, die Teilstücke werden vom Programm automatisch gesucht.

Ziel/Zweck des Programms:

Zusammensetzen der Dateiteile, die mit SPLIT erzeugt wurden.

```
Ich setze die Datei     N.EXE zusammen ...

TEIL0.DOC wird kopiert ...
TEIL1.DOC wird kopiert ...
TEIL2.DOC wird kopiert ...
TEIL3.DOC wird kopiert ...
TEIL4.DOC wird kopiert ...
TEIL5.DOC wird kopiert ...
TEIL6.DOC wird kopiert ...
TEIL7.DOC wird kopiert ...

Bel. Taste drücken ...
```

Abbildung 15: Bildschirmausgabe von Comb

Funktions-Schema:

Comb arbeitet nach folgendem Schema:

- ► Cursor sichern und verstecken.
- ► Graphikkarte bestimmen und Farben entsprechend setzen.
- ► Startbild hinschreiben.
- ► Variablen initialisieren.
- ► Falls Hilfe gewünscht wird, einen Hilfstext schreiben und anschließend
    Programm verlassen.
- ► Verzweigung in die Prozedur *Setz*.
- ► Erzeugen und Eröffnen einer neuen Datei mit angegebenem Namen.
- ► 1. Eingabeteildatei öffnen (Teil0.doc).
- ► Schleife: Für jede Eingabeteildatei.
    - ■ In die Ausgabedatei schreiben, bis die Eingabedatei kopiert ist.
        Datei schließen.
    - ■ Nächste Eingabeteildatei öffnen.
        Abbruchkriterium: Falls keine weitere Eingabedatei mehr
gefunden   wird.
- ► Schleifenende.
- ► Schlußmeldung hinschreiben.
- ► Programmende.

Verwendete DOS-Funktionen/Prozedure:

Prozedur:	**Verwendungszweck:**
► Assign:	einer Datei-Variablen eine externe Datei zuordnen.
► Blockread,-write:	Blockweises Lesen/Schreiben einer Datei.
► Close:	Datei schließen.
► ClrScr:	Bildschirm löschen.
► Delay:	Programmverzögerung.
► DetectGraph:	Graphikkarte bestimmen.
► Erase:	Löscht Datei (nur Verzeichniseintrag).
► FileSize:	Bestimmt die Dateigröße in Bytes.
► GoToXY:	Ausgabe auf dem Bildschirm positionieren.
► Intr ($10, Regs):	Cursor sichern/verstecken/restaurieren.
► IoResult:	Fehlerbehandlung.

▸ Keypressed:	Taste gedrückt (Boolean)?
▸ ReadKey:	Zeichen von der Tastatur lesen.
▸ Reset:	eine existierende Datei öffnen.
▸ Rewrite:	eine neue Datei erzeugen und öffnen.
▸ TextBackground, TextAttr, TextColor:	Vordergrund- und Hintergrundfarbe setzen.
▸ Window:	Bildschirmausschnitt festlegen.

Verwendete Unterprogramme:

GetCursor speichert die aktuellen Cursoreinstellungen, so daß sie nach dem Programmende wieder restauriert werden können (Interrupt 10h).

HideCursor ist eine kurze Prozedur, die ebenfalls auf den Interrupt 10h zugreift. Sie läßt den Cursor vom Bildschirm verschwinden, da es optisch störend ist, wenn in einer Bildschirmmaske der Cursor irgendwo herumhängt.

ShowCursor läßt den Cursor beim Programmende wieder erscheinen. Dabei werden die von -> *GetCursor* gesicherten Daten wieder gesetzt. Dies gewährt, daß unabhängig von der vorherigen Cursorform wieder derselbe Cursor gesetzt wird.

Fehl gibt eine Fehlermeldung aus, wenn im Programm irgendein Fehler aufgetreten ist. Anschließend wird das Programm beendet.

Help gibt einen Hilfstext aus, wenn als Parameter gar nichts oder ein Fragezeichen übergeben wird.

Setz überprüft zuerst, ob die Ausgabedatei bereits existiert. Falls ja, wird eine Fehlermeldung ausgegeben und das Programm beendet. Andernfalls wird die zu erstellende neue Datei für Schreibzugriffe geöffnet. Die Variable *Größe* erhält den Wert der Dateigröße der ersten zusammenzusetzenden Teildatei. Sie wird benützt, um die Teildateien bis zum letzten Byte zu kopieren. Die Zählvariable *J* enthält die fortlaufende Dateinummer der Teildateien *Teil0 ... Teiln.doc (J = 1, 2, n)*.

Nun wird die erste Teildatei (*Teil0.doc*) für Lesezugriffe geöffnet. Anschließend verzweigt das Programm in eine Schleife. Darin wird die aktuelle Teildatei (*Teiln.doc*) kopiert, bis die Variable *Grösse* meldet, daß auch das letzte
Byte kopiert ist. Danach wird die Teildatei geschlossen und anschließend
gelöscht. Dann wird die Schleife in sich geschlossen, indem die nächste Teildatei für Lesezugriffe geöffnet wird.

Das Abbruchkriterium besteht darin, daß keine weiteren Teildateien mehr
gefunden werden. Dann wird die Prozedur *Setz* abgebrochen.

```
{*********************************************************}
{* SETZT EINE DATEI AUS KLEINEREN BRUCHSTUECKEN ZUSAMMEN  *}
{*********************************************************}

PROCEDURE SETZ;

CONST BUFSIZE =  2048;            {* PUFFERGROESSE            *}

VAR ZAEHLER  : LONGINT;           {* ANZAHL KOPIERTE BYTES)  *}
    GROESSE  : LONGINT;           {* DATEIGROESSE            *}
    BUFFER   : ARRAY [1..BUFSIZE] OF CHAR; {* LESE-PUFFER *}
    RESULT   : WORD;              {* ANZAHL KOPIERTE RECORDS *}
    FILENAME : STRING[12];
    SOURCE   : FILE;              {* EINGABEDATEIEN (DIV.)   *}
    DEST     : FILE;              {* AUSGABEDATEI            *}
    J        : INTEGER;           {* ZAEHLVARIABLE           *}

BEGIN

  {* VAR. INITIALISIEREN *}
  {* VAR. INITIALISIEREN *}

  FOR J:=1 TO BUFSIZE DO BEGIN
    BUFFER[J]:=CHR(0);
  END; {* FOR *}

  ASSIGN(DEST, NAME);
  REWRITE(DEST, 1);
  FEHLER:=IORESULT;
  IF (FEHLER <> 0) THEN FEHL(FEHLER);


  ZAEHLER := 0;   {* ANZAHL KOPIERTE BYTES = 0 *}
```

```
{* 1. EINGABEDATEI OEFFNEN *}
{* 1. EINGABEDATEI OEFFNEN *}

ASSIGN(SOURCE, 'TEILO.DOC');
WRITELN;
WRITELN('        TEILO.DOC wird kopiert ...');
RESET(SOURCE, 1);
FEHLER:=IORESULT;
IF (FEHLER <> 0) THEN FEHL(FEHLER);


{* DATEIGROESSE ZUORDNEN *}
{* DATEIGROESSE ZUORDNEN *}

GROESSE := FILESIZE(SOURCE);
FEHLER:=IORESULT;
IF (FEHLER <> 0) THEN FEHL(FEHLER);

{* SOLANGE NICHT DIE LETZTE EINGABEDATEI GEOEFFNET WURDE, *}
{* KOPIERE DATEN                                          *}

FOR J := 1 TO 9999 DO BEGIN

   WHILE (ZAEHLER < GROESSE) DO BEGIN

      IF ((GROESSE - ZAEHLER) > BUFSIZE) THEN BEGIN

         BLOCKREAD(SOURCE, BUFFER, BUFSIZE, RESULT);
         FEHLER:=IORESULT;
         IF (FEHLER <> 0) THEN FEHL(FEHLER);
         BLOCKWRITE(DEST, BUFFER, RESULT);
         FEHLER:=IORESULT;
         IF (FEHLER <> 0) THEN FEHL(FEHLER);
         INC(ZAEHLER, BUFSIZE);
      END   {* IF THEN *}

      ELSE BEGIN
         BLOCKREAD(SOURCE, BUFFER, GROESSE - ZAEHLER, RESULT);
         FEHLER:=IORESULT;
         IF (FEHLER <> 0) THEN FEHL(FEHLER);
         BLOCKWRITE(DEST, BUFFER, RESULT);
         FEHLER:=IORESULT;
         IF (FEHLER <> 0) THEN FEHL(FEHLER);
```

```
        INC(ZAEHLER, GROESSE - ZAEHLER);
        CLOSE(SOURCE);
        ERASE(SOURCE);
        FEHLER:=IORESULT;
        IF (FEHLER <> 0) THEN FEHL(FEHLER);
      END; (* ELSE *)


    END; (* WHILE *)


    STR(J, ST);
    FILENAME := 'TEIL' + ST + '.DOC';
    ASSIGN(SOURCE,FILENAME);
    RESET(SOURCE, 1);
    FEHLER:=IORESULT;
    IF ((FEHLER = 2) OR (FEHLER = 18)) THEN EXIT;
    IF (FEHLER <> 0) THEN FEHL(FEHLER);
    WRITELN('          ',FILENAME,' wird kopiert ...');

    GROESSE := FILESIZE(SOURCE);
    FEHLER  := IORESULT;
    IF (FEHLER <> 0) THEN FEHL(FEHLER);
    ZAEHLER := 0;
  END; (* FOR *)
END;  (* PROZEDUR SETZ *)
```

Hauptprogramm:

Zuerst wird - wie üblich - die Cursoreinstellung gesichert und dann der Cursor versteckt. Sobald die Art der Graphikkarte ermittelt ist, werden die Vordergrund- und die Hintergrundfarbe im Textmodus entsprechend gesetzt.

Danach wird das Startbild für das Programm kurz angezeigt und die Variable *Name* initialisiert. Im *ParamStr(1)* wird nun der Name der zu erstellenden Datei übergeben. Danach wird überprüft, ob Hilfe für den Befehl angefordert wurde. Falls ja, wird ein Hilfstext ausgegeben und anschließend das Programm verlassen.

Andernfalls wird ein Kommentar zum Zusammensetzen der Datei ausgegeben und die Kontrolle an die Prozedur *Setz* übergeben, die die Teildateien gemäß obiger Beschreibung zur Originaldatei zusammenfügt. Am Schluß des Programms wird die übliche Abschiedsmeldung ausgegeben. Bezüglich der Grenzen des Programms gelten dieselben Bedingungen wie beim Programm *Split*.

4.6 Editieren der Systemvariablen

EDPA (Edit Path)

Thematik

Um den Systempfad zu ändern, stellt MS-DOS den Path-Befehl zur Verfügung. Dieser Befehl kann gut in Batch-Dateien verwendet werden (*Autoexec.bat!*), um in den wichtigsten Verzeichnissen ausführbare Dateien zu finden. Man hat jedoch kaum für alle Bedürfnisse Batch-Dateien zur Verfügung und so stellt sich für Besitzer von großen Festplatten bald die Frage, wie man den Systempfad bequem interaktiv editieren könnte.

Daß sich der *Path*-Befehl von DOS für das Editieren der Systemvariablen *Pfad* nicht gerade eignet, dürfte allen regelmässigen DOS-Benützern bekannt sein. Auf dem Utility-Markt befinden sich aber zur Zeit sehr wenig Programme, die ein Editieren der Systemvariablen zulassen. Olaf Jäger, der Autor einer Utility-Sammlung, hat in seinem Buch "DOS-Utilities in Turbo Pascal, Addison-Wesley" (4) das Utility *PathEdit*, das ein einfaches Editieren der Systemvariablen *Pfad* zuläßt, veröffentlicht. Diese gute Idee wurde mit Erlaubnis des Autors zu den Programmen *EDPA* und *EDPR* weiterentwickelt, die ein bequemes Editieren der Systemvariablen *Path* und *Prompt* erlauben.

Funktionstasten für das Programm

Die Funktionstaste F1 liefert eine kurze Hilfemeldung zum Programm. Mit F2 wird der fertig editierte Pfad in der Umgebung abgelegt. Dabei erfolgt zuerst eine Sicherheitsabfrage, die mit J für "JA" und N für "Nein" beantwortet werden muß. Nach einem "JA" wird das Programm verlassen und der neue Pfad in der Umgebung abgelegt. Andernfalls ("Nein") verbleibt der Programmbenützer im Programm, der Pfad wird nicht in die Originalumgebung zurückgeschrieben.

Die Taste F3 schließlich bewirkt, daß der editierte Pfad in ein Batch-File mit dem Namen *PA.BAT* abgelegt wird. Dieses Batch-File ist außerhalb des Programms lauffähig und kann jederzeit aufgerufen werden.

Mit F10 wird der aktuelle Pfad, der editiert wird, von der Cursorposition an nach rechts abgeschnitten. Die Taste *Del* löscht das Zeichen bei der aktuellen Cursorposition, alle darauffolgenden Zeichen wandern eine Position nach links. Mit *Ins* kann zwischen dem Einfügemodus und dem Überschreibmodus hin- und hergewechselt werden. Im Überschreibmodus wird eine aktuelle Zeile von der Cursorposition an nach rechts überschrieben, im Einfügemodus (*Ins* aktiv) wird der Text links vom Cursor eingefügt.

Die *BS*-Taste (BackSpace, ein Zeichen zurück) ist die Alternative zur *Del*-Taste. Sie löscht das Zeichen links vom Cursor, die darauffolgenden Zeichen rutschen eine Position nach links. Zeichen, die nicht mehr auf dem Bildschirm Platz haben, wandern rechts oder links über den Bilschirmrand hinaus, gehen aber nicht verloren.

Mit Hilfe der Pfeiltasten (<-- und -->) und des Tabulators kann man sich innerhalb des Pfades bewegen. Mit *Return* gelangt man an den Zeilenanfang. *ESC* bewirkt ein Verlassen des Programms, ohne daß die Pfadänderung in der Umgebung aktiv wird. Nach einer Sicherheitsabfrage wird das Programm beendet, die Änderungen gehen verloren.

Aufruf des Programmes/Parameter:

EDPA (ohne Parameter)

Parameter werden ignoriert. Eine Hilfestellung wird mittels der Funktionstaste F1 erreicht. Das Programm gibt deshalb bei der Eingabe eines Fragezeichens keinen Hilfstext aus.

Ziel/Zweck des Programms:

Editieren der Umgebungsvariablen *Path*, mit der Möglichkeit, den Pfad in die Umgebung zurück zu schreiben oder ihn in ein Batch-File auszulagern.

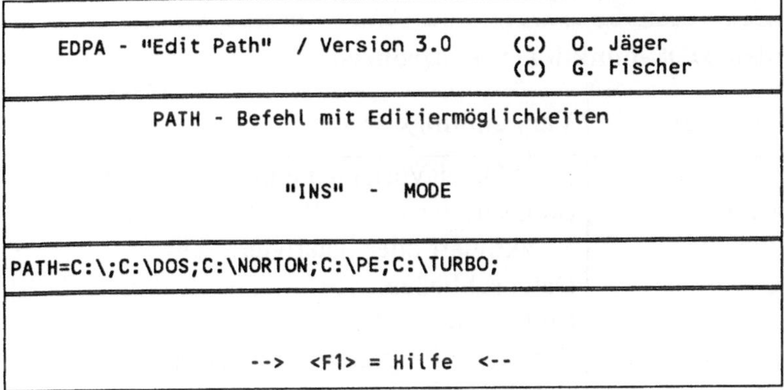

Abbildung 16: Bildschirmausgabe von "EDPA"

Funktions-Schema:

EDPA arbeitet nach folgendem Schema:

- ► Ctrl-Break inaktivieren.
- ► Graphikkarte bestimmen und Farben entsprechend setzen.
- ► Cursordaten sichern und Cursor verstecken.
- ► Startbild hinschreiben.
- ► Aufbau des Bildschirms für das Hauptmenu.
- ► Umgebungsvariablen holen.
- ► Falls Umgebungsvariable zu groß: Fehlermeldung, Programmende.
- ► Andernfalls Pfad aus der Umgebungsvariablen extrahieren.
- ► Verzweigung in eine Schleife: Solange keine Abbruchbedingung.
  - ▪ Editiere Pfad, Cursor wird vorübergehend wieder sichtbar.
- ► Schleifenende bei ESC oder F2.
- ► Kontrolliere editierten Pfad.
- ► Falls ESC oder ungültige Eingabe: Abbruch, Programmende.
- ► Andernfalls Pfad in Umgebungsstring zurückschreiben.
- ► Kontrolle, ob String zu lange für Umgebung.
- ► Falls zu lange: Fehlermeldung, Programmende.
- ► Andernfalls Umgebungsvariable in Umgebung zurückschreiben.
- ► Cursor wieder sichtbar machen.
- ► Schlußmeldung hinschreiben.
- ► Programmende.

Verwendete DOS-Funktionen/Prozeduren:	
Prozedur/Array:	**Verwendungszweck:**
► Assign:	einer Datei-Variablen eine externe Datei zuordnen.
► Checkbreak:	Boolean, der die CtrlBreak-Tastenkombination aktiviert oder inaktiviert.
► Close:	Datei schließen.
► ClrScr:	Bildschirm löschen.
► Delay:	Definierte Programmverzögerung.
► DetectGraph:	Graphikkarte bestimmen.
► GoToXY:	Ausgabe auf dem Bildschirm positionieren.
► Intr ($10, Regs):	Cursor sichern/verstecken/restaurieren.
► IoResult:	Fehlerbehandlung.
► Keypressed:	Taste gedrückt (Boolean)?
► Mem/Memw:	Direkte Speicherzuweisungen (Um die Umgebung beim Command.com zu extrahieren)
► Move:	Kopiert Umgebungsstring in die Umgebung. (Kopiert Bytes von einem Speicherbereich in einen anderen Speicherbereich).
► NoSound:	Schaltet den Lautsprecher wieder ab.
► ReadKey:	Zeichen von der Tastatur lesen.
► Rewrite:	eine neue Datei erzeugen und öffnen.
► Sound:	Erzeugt einen Ton definierter Tonhöhe.
► TextBackground, TextAttr, TextColor:	Vordergrund- und Hintergrundfarbe setzen.
► Window:	Bildschirmausschnitt festlegen.

Verwendete Unterprogramme:

GetCursor   speichert die aktuellen Cursoreinstellungen, so daß sie nach
dem Programmende restauriert werden können (Interrupt 10h).

HideCursor   ist eine kurze Prozedur, die ebenfalls auf den Interrupt 10h zugreift. Sie läßt den Cursor vom Bildschirm verschwinden, da es
optisch störend ist, wenn in einer Bildschirmmaske der Cursor
irgendwo herumhängt.

ShowCursor läßt den Cursor beim Programmende wieder erscheinen. Dabei werden die von -> *GetCursor* gesicherten Daten wieder gesetzt. Dies gewährt, daß unabhängig von der vorherigen Cursorform wieder derselbe Cursor gesetzt wird.

Fehl gibt eine Fehlermeldung aus, wenn im Programm irgendein Fehler aufgetreten ist. Anschließend wird das Programm beendet.

Hilfe gibt eine Hilfemeldung aus, wenn die Taste F1 im Programm gedrückt wird.

Save schreibt den momentan editierten Pfad in das Batch-File *PA.BAT.*

Reverse Aufruf der inversen Farben für die momentan aktive Textanzeige.

Normal stellt die normalen Textfarben wieder her.

Intensiv ermöglicht eine hellere, intensive Textanzeige.

Status zeigt, ob sich der Anwender im *INSERT-* oder *OVERWRITE-* Mode befindet.

GetEnv-Prozedur

Bevor MS-DOS mit der *EXEC*-Funktion ein Programm in den Speicher lädt, reserviert das Betriebssystem den RAM-Speicher, der das aufgerufene Programm aufnehmen soll. Zu Beginn dieses Speicherbereiches wird dabei ein PSP (Programm-Segment-Präfix) angelegt. Erst nachher wird das aufgerufene Programm geladen, die Segmentregister und der Stack werden initialisiert und danach das eigentliche Programm gestartet. Der PSP umfaßt immer 256 Bytes und enthält sowohl für DOS wie auch für das auszuführende Programm wichtige Informationen. Er ist ein Relikt von den ersten DOS-Versionen, die eigentlich aus CPM entwickelt wurden.

Aufbau des Programm Segment Präfix [PSP]		
Startadr.	**Inhalt**	**Länge:**
00h	Aufruf des Interrupt 20h	2 Bytes
02h	Segmentadresse des Endes des verfügbaren Speichers	2 Bytes
04h	Reserviert für DOS.	1 Byte
05h	Far-Call zum Interrupt 21h-Dispatcher.	5 Bytes
0Ah	Adresse der Routine zum Beenden des Programmes. Zeigt normalerweise auf das Command.com (Kopie des Interrupt 22h).	4 Bytes
12h	Adresse des Critical-Error Dispatcher (Kopie des Interrupt 24h).	4 Bytes
16h	Reserviert.	22 Bytes
2Ch	Segment-Adresse des Umgebungsblocks (**)	2 Bytes
2Eh	Reserviert.	46 Bytes
5Ch	FCB #1.	16 Bytes
6Ch	FCB #2.	16 Bytes
80h	Länge der Kommandozeile in Bytes.	1 Byte
81h	Kommandozeile.	127 Bytes
Totale Länge: 256 Bytes		

Tabelle 2: Aufbau eines PSP

In jedem PSP befindet sich die Segmentadresse einer Kopie der Originalumgebung der Datei *Command.com* (Offset 2Ch). Daher lassen sich die Einträge der Umgebung auf relativ einfache Art und Weise ermitteln, wie das folgende Programmbeispiel zeigt:

```
(* HOLT DIE UMGEBUNG *)
(* HOLT DIE UMGEBUNG *)

PROGRAM PAO;
USES DOS;


TYPE UMGEBUNG = STRING;
VAR UMG        : ^UMGEBUNG;
    UMG1       : UMGEBUNG;
    UMG_SEG    : LONGINT;
    FIRST      : BOOLEAN;
    I          : INTEGER;
    LEN        : INTEGER;


BEGIN
  FIRST    := TRUE;
  UMG_SEG := MEMW[PREFIXSEG:$002C];
  UMG      := PTR(UMG_SEG,0);

  FOR I:= 0 TO 254 DO BEGIN
    UMG1[I+1] := UMG^[I];
  END;

  FOR I:=1 TO 254 DO BEGIN
    IF (UMG1[I] = CHR(0)) AND (UMG1[I+1] = CHR(0)) AND FIRST THEN
      BEGIN
       LEN := I;
       FIRST := FALSE;
     END;
  END;

  UMG1[0] := CHR(LEN);

  WRITELN;
  WRITELN (UMG1);
END.
```

Die Segmentadresse des PSP wird von Turbopascal mittels der vordefinierten
Variablen *PrefixSeg* zur Verfügung gestellt. Damit kann nun in der Variablen
UMG_SEG die Adresse der Umgebungskopie abgelegt werden. Der Pointer
UMG zeigt auf genau diese Adresse. Damit kann der Inhalt der Umgebung in
die Variable *UMG1* übernommen werden. Die Abbruchbedingung stellen
dabei zwei *ASCII 0*-Zeichen dar. Dadurch läßt sich die aktuelle Länge der

Umgebung in das Längenbyte *UMG1[0]* der Variablen *UMG1* einfügen. Probieren Sie dieses Programm aus, und Sie werden feststellen, daß es unter allen DOS-Versionen lauffähig ist.

Damit sind aber unsere Probleme, wie der Systempfad editiert werden kann, überhaupt nicht gelöst. Erstens handelt es sich bei der Adresse 2Ch im PSP nur um die lokale Umgebung des laufenden Programms und zweitens nützt es nichts, die geänderte Umgebung an diese Adresse zurückzuschreiben, da es sich nicht um die Originalumgebung von *Command.com* handelt. Daher muß zuerst die Datei *Command.com* aufgespürt werden.

Der Offset 0Ah im PSP enthält die Adresse der Routine zum Beenden des Programmes und zeigt fast immer auf die Datei *Command.com*. Der interessante Segmentanteil der Adresse befindet sich dabei bei der Adresse 0Ch, da Adressen immer im Format *Offset:Segment* abgelegt werden: Der Offsetanteil benötigt die Bytes bei 0Ah und 0Bh, der Segmentanteil die Bytes bei 0Ch und 0Dh.

Damit kann aber die Adresse der Originalumgebung des *Command.com* wie folgt bestimmt werden, da *Memw* die Angabe *Segment:Offset* benötigt:

```
COM_SEG := MEMW[PREFIXSEG:$0C];    (Segmentadresse von Command.com)
UMG_SEG := MEMW[COM_SEG:$2C];      (Adresse der Originalumgebung)
```

Diese Methode zur Adreßbestimmung der Originalumgebung funktioniert aber nur ab der Version 3.3 von DOS. Gemäß der Dokumentation von Microsoft befindet sich in früheren Versionen an der obigen Adresse nur der Wert 00h. Die Originalumgebung liegt in diesen Fällen unmittelbar hinter *Command.com* im Speicher. Um an diese Speicherstelle zu gelangen, ist es nötig, einen weiteren Themenkomplex anzugehen.

Je nach den Speicheranforderungen eines ausführbaren Programms teilt ihm DOS einen unterschiedlich großen Speicherbereich zu. Um diesen Speicherbereich zu verwalten, wird von DOS ein Datenblock vorangestellt, der als MEMORY CONTROL BLOCK (MCB) bezeichnet wird. Dieser umfaßt 16 Bytes, beginnt immer an einer durch 16 teilbaren Adresse und geht dem allozierten Speicherbereich unmittelbar voraus. Die Segmentadresse des dem allozierten Speicherbereich vorausgehenden MCB wird dadurch ermittelt, daß man einfach "1" von der Segmentadresse des Speicherbereichs subtrahiert.

Jeder MCB enthält drei Felder, die von Bedeutung sind. Für unsere Arbeit ist nur das dritte Feld (Adr 03h) von Bedeutung: Es enthält die Größe des zugehörigen Speicherbereichs in Paragraphen à 16 Byte.

Damit kann aber eine einfache Formel für das Aufspüren der Umgebung bei früheren DOS-Versionen gefunden werden: Zur Segmentadresse von *Command.com-1* (MCB vorher) wird die Anzahl Speicherparagraphen gemäß MCB addiert. Zuletzt wird noch eine Eins addiert, um zur Umgebung zu gelangen. Als Programmzeile ausgedrückt:

```
UMG_SEG := COM_SEG + MEMW[COM_SEG -1: $03] + 1;
```

Um die maximal erlaubte Länge der Umgebung zu bekommen, wird die Paragraphenanzahl*16 der Umgebung zusätzl2ich in UMG.LENMAX abgelegt:

```
UMG.LENMAX := 16 * MEMW[UMG_SEG - 1: $03];
```

Anschließend wird die Umgebung in den String *UMG.UMGSTR* kopiert und dessen bestimmte Länge in das Längenbyte geschrieben: Die Endebedingung für die Umgebung stellen zwei ASCII 0 dar, wie bereits weiter oben beschrieben:

```
LEN := POS (CHR(0)+CHR(0), UMG.UMGSTR);
```

Dabei gilt es zu beachten, daß die Umgebung mit einer Anweisung in *CONFIG.SYS* auf bis zu 32 kByte vergrößert werden kann. Da Turbopascal aber nur Stringlängen bis zu 255 Byte zuläßt, wird bei einer größeren Umgebung die Endebedingung (Zwei ASCII 0) nicht mehr gefunden. Das Programm bricht genau dann mit einer Fehlermeldung ab, wenn die Variable *UMG.UMGSTR* eine Nullänge erhält.

```
(* ERMITTELT DIE ADRESSE DER ORIGINALUMGEBUNG UND KOPIERT *)
(* SIE IN DEN RECORD UMG MIT MAXIMALER LAENGE              *)

PROCEDURE GETENV( VAR UMG : UMGEBUNG);
VAR COMSEG, LEN : INTEGER;
BEGIN

  (* SEGADR FUER DIE PROGRAMMABBRUCHROUTINE IM COMMAND.COM *)

22  COMSEG := MEMW[PREFIXSEG:$0C];


  (* IN DESSEN PSP DIE ADRESSE DER UMGEBUNG ERMITTELN *)

  UMG.UMGSEG := MEMW[COMSEG:$2C];


  (* VOR DOS 3.3 WAR DIE UMGEBUNG GENAU HINTER DEM COMMAND.COM *)
  (* ADR 2Ch IM PSP ENTHAELT DANN 0000h, SONST DIE ADRESSE DER *)
  (* DAZUGEHORENDEN UMGEBUNG.                                  *)

  IF UMG.UMGSEG = 0 THEN
     UMG.UMGSEG := COMSEG + MEMW[COMSEG-1:3] + 1;

  (* LAENGE DES UMGEBUNGS-BLOCKS AUS DESSEN MCB AB ADRESSE 3h *)

  UMG.LENMAX := MEMW[UMG.UMGSEG-1:3];

  (* UMGLEN SIND PARAGRAPHEN A 16 BYTE  *)

  UMG.LENMAX := UMG.LENMAX * 16;


  (* UMGEBUNG IN STRING KOPIEREN *)
  I := 0;
  UMG.UMGSTR := '';
  WHILE (I < UMG.LENMAX) AND (I < 255) DO BEGIN
     UMG.UMGSTR := UMG.UMGSTR + CHR(MEM[UMG.UMGSEG:I]);
     INC(I);
  END;


  (* AKTUELLE LAENGE DER UMGEBUNG IM  *)
  (*    LAENGENBYTE SPEICHERN         *)
```

```
      LEN := POS(CHR(0)+CHR(0), UMG.UMGSTR);

   IF LEN > 0 THEN UMG.UMGSTR[0] := CHR(LEN+1)
                ELSE UMG.UMGSTR := '';
   END;
```

Programmausschnitt: GetEnv-Prozedur.

ExtractVar-Prozedur Sie extrahiert den Pfad aus dem Umgebungsstring und löscht dort den entsprechenden Bereich.

AddVar-Prozedur Diese Prozedur fügt den veränderten Pfad-String an den Umgebungsstring hinten an. Dabei darf die Maximallänge der Umgebung nicht überschritten worden sein.

PutEnv fügt den veränderten Umgebungsstring wieder in die Originalumgebung ein. Dazu wird die *Move*-Prozedur verwendet. Sie hat die folgende allgemeine Syntax:

```
Move(var Source, Dest; count: Word);
```

Damit werden *Count* Bytes von einem Speicherbereich in einen anderen kopiert. So kann also die Variable *UMG.UMGSTR* wieder an die Adresse der Originalumgebung geschrieben werden:

```
{* RUECKSCHREIBEN DES UMGEBUNGSSTRINGS IN DIE ORIGINALUMGEBUNG *}
{* RUECKSCHREIBEN DES UMGEBUNGSSTRINGS IN DIE ORIGINALUMGEBUNG *}

PROCEDURE PUTENV (UMG : UMGEBUNG);
BEGIN
   MOVE(UMG.UMGSTR[1], MEM[UMG.UMGSEG:0], ORD(UMG.UMGSTR[0]));
END;
```

Dabei erhält *Count* die aktuelle Stringlänge als Parameter, die im Umgebungsstring an der Position "0" zu finden ist.

ShowLine   zeigt die in Bearbeitung befindliche Pfadzeile am Bildschirm.

Control   überprüft, ob der Pfad nicht mehr mit *"Path="* beginnt.

EditVar   ermöglicht das interaktive Bearbeiten des Pfad-Strings.
                     Dabei werden die zu Beginn des Programms aufgeführten
                     Tasten unterstützt. Die Bearbeitung der eingegebenen Tasten erfolgt in einer ausgedehnten While-Schleife; die Zeichen der Tasten werden gemäß der Tastendefinition, wie
                     sie im Utility *FCD* beschrieben wurde, interpretiert.

Hauptprogramm

Das Hauptprogramm übernimmt in diesem Programm nur eine Steuerfunktion. Zuerst wird - wie bei allen Programmen dieser Serie - die Graphikkarte
ermittelt, und danach werden die Bildschirmfarben entsprechend gesetzt.
Nach der kurzen Anzeige des Startbildes wird die Bildschirmanzeige für das
eigentliche Programm aufgebaut und die Originalumgebung mit der Prozedur
GetEnv geholt. Anschließend wird der Pfad aus der Umgebung extrahiert und
das Programm verzweigt in die Prozedur EditVar, in der das eigentliche Editieren des Pfades beginnt. Nach dem Ende des Editierens übernimmt wieder
das Hauptprogramm die Kontrolle. Der editierte String wird kurz überprüft,
ob der noch mit *"Path="* beginnt. Falls nicht, oder falls das Editieren mit
<ESC> abgebrochen wurde, wird das Programm mit einer Fehlermeldung
beendet. Andernfalls wird der Pfad wieder in den Umgebungsstring zurückgeschrieben. Der Umgebungsstring wird danach wieder in die Originalumgebung eingefügt. Falls dort nicht genügend Platz ist, erfolgt eine Fehlermeldung ("Der neue Pfad passt nicht in den für die Umgebung reservierten Platz
!"). Zuletzt wird eine Schlußzeile auf den Bildschirm geschrieben und das
Programm verlassen.

Programm-Quellcode

Da das Programm für einen Abdruck zu umfangreich ist, wird an dieser Stelle
darauf verzichtet. Der vollständige Quellcode befindet sich jedoch auf den
dem Buch beiliegenden Disketten.

EDPR

Thematik

Sobald einmal ein Programm zum Editieren einer Systemvariablen erarbeitet ist, können ohne viel Aufwand andere Programme daraus abgeleitet werden, die die anderen Systemvariablen bearbeiten. Davon sind zwei Variablen der Umgebung erwähnenswert, die auf fast jedem PC gebraucht werden: COMSPEC und PROMPT. Wie man sofort erkennt, ist aber nur der Systemprompt dafür interessant, da einige Benützer gerne einen langen Superprompt definieren und bearbeiten wollen.

Sobald nämlich der Tastaturtreiber ANSI.SYS in die Datei CONFIG.SYS eingebunden wird, lassen sich viele komplexe Systemprompt's definieren mit dem Befehl Device=Ansi.sys, die die Bildschirmattribute oder die Tastatur beeinflussen. So läßt sich mit der Anweisung

```
Prompt $e[0;59;"cls";13p
```

eine Definition der Funktionstaste F1 erreichen, die nun immer den Bildschirm löscht.

Die Anpassung des Programms *EDPA* hinüber zum Programm *EDPR*, das ein Editieren des Systempromptes zuläßt, ist relativ einfach. Zuerst werden alle Wörter, die auf *Path* oder *Pfad* lauten, durch das Wort *Prompt* ersetzt. Aus *EDPA* wird überall *EDPR* usw. Schließlich muß nur noch berücksichtigt werden, daß beim Editieren mehr Zeichen (ESCAPE-Sequenzen) gebraucht werden. Der ASCII-Zeichenfilter ist deshalb in der Editier-Prozedur entsprechend zu erweitern.

Mit diesen kleinen Änderungen ergibt sich ohne großen Aufwand ein weiteres nützliches Programm.

Funktionstasten für das Programm

Es werden dieselben Funktionstasten gebraucht wie für das Programm *EDPA*.

Aufruf des Programms/Parameter:

EDPR (ohne Parameter)

Parameter werden ignoriert. Eine Hilfemeldung wird mittels der Funktionstaste F1 erreicht. Das Programm gibt deshalb bei der Eingabe eines Fragezeichens keinen Hilfstext aus.

Ziel/Zweck des Programms:

Editieren der Umgebungsvariablen *Prompt*, mit der Möglichkeit, den *Prompt*
in die Umgebung zurückzuschreiben oder ihn in ein Batch-File auszulagern.

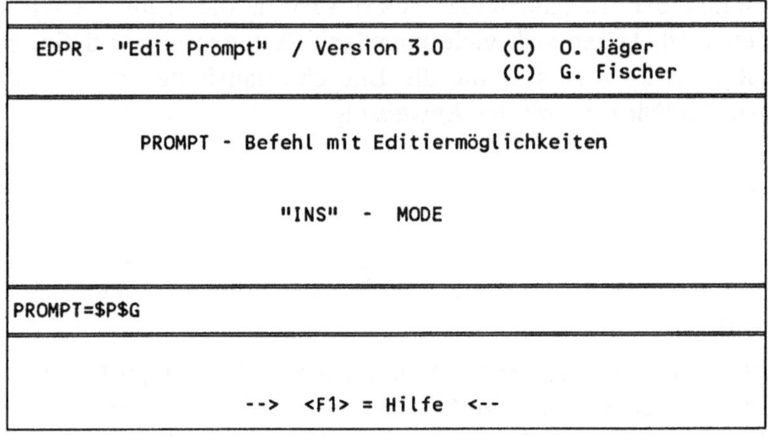

Abbildung 17: Bildschirmausgabe von "EDPR"

Da alle weiteren Angaben zum Programm *EDPR* mit denen zu *EDPA*
identisch sind, wird hier darauf verzichtet, sie nochmals aufzuführen.

4.7 Dateiausgabe am Bildschirm/Virenschutz

Ptype

Thematik

Um sich schnell eine *LiesMich*-Datei anzusehen, gibt es verschiedene Methoden:

a) den Type-Befehl von MS-DOS.

b) einen Dateilister, der eine Textdatei in einen EXE-File umwandelt.

c) einen Full-Screen-Editor (oder ein Textverarbeitungsprogramm).

Der Komfort nimmt von a) bis c) zu. Es ist allerdings mit Kanonen auf Spatzen geschoßen, wenn man einen Text in einen Editor laden muß, nur um den Inhalt lesen zu können. Und doch greifen viele Benützer zu dieser Möglichkeit, weil ihnen der *Type*-Befehl von MS-DOS zu unbequem ist.

Die Texte ziehen beim *Type*-Befehl viel zu schnell vorüber, es gibt keine bequeme Möglichkeit, die Textanzeige anzuhalten oder gar zu bremsen. Nur die Tastenkombinationen < CTRL-NumLock > und < CTRL-S > ermöglichen einen Bildschirmstop.

Das Utility *Ptype* ist ein verbesserter *Type*-Befehl. Ein beliebiger Tastendruck hält die Bildschirmausgabe an, ein weiterer Tastendruck bewirkt ein erneutes *Scrolling*. Die Bewegungsgeschwindigkeit der vorüberziehenden Texte ist dabei gegenüber dem *Type*-Befehl deutlich verringert.

Aufruf des Programms/Parameter:

PTYPE Datei.Ext

Als Parameter wird ein Dateiname erwartet. Falls keine Datei angegeben oder ein Fragezeichen als Eingabeparameter übergeben wird, gibt das Programm einen Hilfstext aus.

Ziel/Zweck des Programms:

Bequeme Bildschirmausgabe einer Datei, die gelesen werden soll.

```
Bitte eine Taste drücken  ...

(****************************************************************)
(*                        P T Y P E                          *)
(*------------------------------------------------------------*)
(* Aufgabe       : PTYPE ist ein bequemerer TYPE-Befehl.     *)
(*                 Es ist möglich, den Bildschirm anzu-      *)
(*                 halten.                                    *)
(*------------------------------------------------------------*)
(* Autor         : Georg Fischer                             *)
(*                                                           *)
(*                                                           *)
(* entwickelt am : 21.10.1990                                *)
(* letztes Update : 26.10.1990                               *)
(*                                                           *)
(* Version 3.0   : 01.05.1991 (Farbig)                       *)
(****************************************************************)

PROGRAM PTYPE;

{$R+}        (* RANGE CHECKING
```

Abbildung 18: Bildschirmausgabe von "PTYPE"

Funktions-Schema:

PTYPE arbeitet nach folgendem Schema:

- ► Cursor sichern und verstecken.
- ► Graphikkarte bestimmen und Farben entsprechend setzen.
- ► Startbild hinschreiben.
- ► Rahmen für Hauptprogramm zeichnen.
- ► Übergabeparameter an Dateiname zuweisen.
- ► Falls Hilfe angefordert wird, Ausgabe eines Hilfstextes und anschließend Programmende.
- ► Zu Beginn der Dateiausgabe auf einen Tastendruck warten.
- ► Schleife: Solange kein ASCII-26 (EOF-Marker) erreicht ist,
  und falls keine Taste gedrückt wird,
  - ▪ schreibe Zeichen Offset [i] der Datei und warte zwei Millisekunden.
  - ▪ andernfalls warte auf Tastendruck
- ► Schleifenende.
- ► Cursor wieder sichtbar machen.
- ► Schlußmeldung hinschreiben.
- ► Programmende.

Verwendete DOS-Funktionen/Prozeduren:	
Prozedur:	**Verwendungszweck:**
▸ Assign:	Anzeige einer Datei-Variablen eine externe Datei zuordnen.
▸ BlockRead:	Datei blockweise lesen.
▸ Close:	Datei schließen.
▸ ClrScr:	Bildschirm löschen.
▸ Delay:	Programmverzögerung.
▸ DetectGraph:	Graphikkarte bestimmen.
▸ GetFAttr:	Dateiattribut holen.
▸ GoToXY:	Ausgabe auf dem Bildschirm positionieren.
▸ Intr ($10, Regs):	Cursor sichern/verstecken/restaurieren.
▸ IoResult:	Fehlerbehandlung.
▸ Keypressed:	Taste gedrückt (Boolean)?
▸ ReadKey:	Zeichen von der Tastatur lesen.
▸ Reset:	eine existierende Datei zum Lesen öffnen.
▸ SetFAttr:	Dateiattribut setzen.
▸ TextBackground, TextAttr, TextColor:	Vordergrund-/Hintergrundfarbe setzen.
▸ Window:	Bildschirmausschnitt festlegen.

Verwendete Unterprogramme:

GetCursor speichert die aktuellen Cursoreinstellungen, so daß sie nach dem Programmende wieder restauriert werden können (Interrupt 10h).

HideCursor ist eine kurze Prozedur, die ebenfalls auf den Interrupt 10h zugreift. Sie läßt den Cursor vom Bildschirm verschwinden, da es optisch störend ist, wenn in einer Bildschirmmaske der Cursor irgendwo herumhängt.

ShowCursor läßt den Cursor beim Programmende wieder erscheinen. Dabei werden die von -> *GetCursor* gesicherten Daten wieder gesetzt. Dies gewährt, daß unabhängig von der vorherigen Cursorform wieder derselbe Cursor gesetzt wird (Ein Block-Cursor ist nach dem Programmende wieder ein Block-Cursor).

Fehl gibt eine Fehlermeldung aus, wenn im Programmverlauf irgendein Fehler aufgetreten ist. Anschließend wird das Programm beendet.

Help gibt einen Hilfstext aus, wenn dem Programm ein Fragezeichen übergeben wurde oder das Programm gar keinen Parameter erhalten hat.

Die Prozedur *CopyFile* ist der eigentliche Kern des Programms *Ptype*. Zu Beginn der Prozedur wird das Dateiattribut auf null gesetzt, weil die Prozedur *Reset* zum Öffnen der Datei keine Attribute wie *ReadOnly*, *System* oder *Hidden* verträgt. Danach beginnt die eigentliche Arbeit von CopyFile: Die zu lesende Datei wird blockweise in einen Puffer gelesen; das Abbruchkriterium ist ein EOF-Marker (ASCII-26). Solange keine Taste gedrückt wird, gibt die Prozedur ein Zeichen nach dem anderen am Bildschirm aus. Die Ausgabe erfolgt mit einer Verzögerung von zwei Millisekunden pro Zeichen. Dies ergibt etwa sechs bis zwölf Zeilen pro Sekunde. Sobald eine Taste gedrückt wird, wird eine Verzögerungsschleife betreten, das Programm wartet auf einen erneuten Tastendruck, danach wird die Bildschirmausgabe fortgesetzt.

```
{***************************************************************}
{* KOPIERT EINE DATEI AN DEN BILDSCHIRM ...               *}
{***************************************************************}


PROCEDURE COPYFILE(FILENAME: STRING);

CONST BUFSIZE = 512;                         {* PUFFERGROESSE *}

VAR SOURCE  : FILE;                          {* SOURCE-FILE   *}
    COUNT   : INTEGER;
    BUFFER  : ARRAY [1..BUFSIZE] OF CHAR;    {* LESE-PUFFER   *}

BEGIN

    ASSIGN (SOURCE, FILENAME);

    {* DATEIATTRIBUT MUSS FUER DAS LESEN = 0 SEIN *}
    {* FUER RESET.                                *}

    ATTRIB := 0;
    GETFATTR(SOURCE, ATTRIB);
    SETFATTR(SOURCE, 0);
```

```pascal
        RESET(SOURCE,1);
        FEHLER:=IORESULT;



    (* AUFTRETENDE FEHLER ABFANGEN *)
    (* AUFTRETENDE FEHLER ABFANGEN *)


    IF (FEHLER <> 0) THEN FEHL(FEHLER);



    (* TEXTFILE ODER BIN-FILE ZEIGEN *)
    (* TEXTFILE ODER BIN-FILE ZEIGEN *)

    REPEAT
       FOR I:=1 TO BUFSIZE DO BUFFER[I]:=' ';

       BLOCKREAD (SOURCE, BUFFER, BUFSIZE, COUNT); (* DATEI *)
       FOR I:=1 TO BUFSIZE DO BEGIN                     (* LESEN *)

          IF (BUFFER[I] = CHR(26)) THEN BEGIN
             SETFATTR(SOURCE, ATTRIB);
             EXIT;
          END; (* IF *)


          (* NUR SOLANGE ZEIGEN, WIE KEINE TASTE GEDRUECKT *)
          (* WIRD.                                         *)

          IF (NOT KEYPRESSED) THEN BEGIN
             WRITE(BUFFER[I]); DELAY(2);
          END  (* IF *)

          ELSE BEGIN
             WRITE(BUFFER[I]); DELAY(1);
             CH:=READKEY;
             IF (CH = CHR(0)) THEN CH:=READKEY;
             WHILE (NOT KEYPRESSED) DO BEGIN
                DELAY(10);
             END; (* WHILE *)
             CH:=READKEY;
             IF (CH = CHR(0)) THEN CH:=READKEY;
          END; (* IF *)
```

```
     END; (* FOR *)
  UNTIL EOF(SOURCE);
  CLOSE (SOURCE);
  (* DATEIATTRIBUT ZURUECKSETZEN *)

  SETFATTR(SOURCE, ATTRIB);
END;  (* PROCEDURE COPYFILE *)
```

Hauptprogramm

In *Ptype* übernimmt das Hauptprogramm nur Steueraufgaben; der eigentliche Kern des Programms ist die Prozedur *CopyFile*. Im Hauptprogramm wird zuerst die Art der Graphikkarte ermittelt. Die Bildschirmfarben werden entsprechend gesetzt - bei CGA, EGA und VGA wird eine gelbe Schrift auf blauem Hintergrund erzeugt - bei einer Hercules-Graphikkarte (oder MDA) wird eine Standardschrift gesetzt (Hell auf dunklem Hintergrund). Wie üblich werden die Cursordaten ermittelt und der Cursor versteckt. Nach der Ausgabe des Startbildes wird geprüft, ob eine Hilfe für die Benützung des Programmes angefordert wurde. Falls ja, wird mit der Prozedur *Help* ein Hilfstext ausgegeben und das Programm beendet. Andernfalls wird in die Prozedur *CopyFile* verzweigt. Nach der Ausgabe der Daten am Bildschirm übernimmt wieder das Hauptprogramm die Kontrolle. Es schreibt die übliche Schlußmeldung an den Bildschirm und das Programm wird beendet.

Programm-Quellcode

Da das Programm für einen Abdruck zu umfangreich ist, wird hier darauf verzichtet. Der vollständige Quellcode befindet sich jedoch auf den dem Buch beiliegenden Disketten.

HexList

Thematik

Sowohl Anwenderprogramme wie auch Viren legen in COM-Dateien oder EXE-Dateien Texte ab, die der interessierte Anwender gerne lesen möchte. DOS stellt bis zur Version 3.3 keine Werkzeuge zur Verfügung, um sich diese Dateien bequem ansehen zu können. Es ist zwar möglich, diese Dateiinhalte mit dem DOS-Debugger aufzuspüren, doch sind dazu einige Kenntnisse notwendig. Das Utility *Hexlist* ermöglicht es, Binärdateien auf eine einfache Art und Weise zu lesen. ASCII-Steuerzeichen (ASCII 0-31) werden dabei unterdrückt und nicht zur Anzeige gebracht, so daß nur der wesentliche Textinhalt zur Geltung kommt.

Wenn man die EXE-Dateien von kopiergeschützter Software untersucht, entdeckt man Sprüche wie "Die Früchte des verbotenen Baumes sind sauer" und "Verbrechen lohnt sich nicht ... ". (So entdeckt in Microsoft Word Version 2) Offensichtlich sind diese Texte dazu gedacht, allzu übereifrige Raubkopierer von erneuten Versuchen abzuhalten.

Einen größeren Nutzen zieht der Anwender jedoch aus der Utility *Hexlist*, wenn er sich virenverdächtige Dateien erst einmal gründlich ansieht. Viele Viren legen in EXE-Dateien irgendwelche eindeutigen, gemeinen Sprüche ab wie: "HeHe, formatiere jetzt deine Festplatte ... ".

Die Bildschirmausgabe von *HexList* läßt sich in drei Bereiche unterteilen:

1) Einer sechsstelligen, hexadezimalen Datei-Offset-Adresse, die bis zu einer maximalen Dateigröße von 16 MByte ausreicht. Unter MS-DOS gibt es kaum so große EXE-Dateien.

2) Im Hex-Modus werden die hexadezimalen Werte jedes ASCII-Zeichens ausgegeben. (16 Werte pro Zeile)

3) Der gefilterten Textanzeige. (ASCII-Steuerzeichen werden herausgefiltert)

Aufruf des Programms/Parameter:

HEXLIST DATEI.EXT [/H]

Als Parameter wird ein Dateiname erwartet. Falls keine Datei angegeben oder ein Fragezeichen als Eingabeparameter übergeben wird, gibt das Programm einen Hilfstext aus. Mit der zusätzlichen Option /H werden die Zeichen zusätzlich als deren hexadezimale Werte dargestellt.

Ziel/Zweck des Programms:

Bequeme Bildschirmausgabe einer binären Datei.

```
        <E>NDE, WEITER BEL. TASTE ..

[000880]  80 01 21 02 B0 01 50 B0   19 50 ...   Ç.!.▓.P▓.PÜ..!.◈
[000890]  29 FD 9A C0 01 21 02 83   3E EE ...   )²Ü└.!.â>ε..u.├.
[0008A0]  DA 14 1E EB 05 C6 06 DA   14 07 ...   ┌..δ.├.┌..┐◈..W┐
[0008B0]  65 01 0E 57 31 C0 50 9A   17 09 ...   e..W1└PÜ..è.┐£..
[0008C0]  57 31 C0 50 9A 17 09 8A   02 9A ...   W1└PÜ..è.ÜH.è.Ü─
[0008D0]  04 8A 02 C6 06 DA 14 07   E8 E0 ...   .è.├.┌..◈α¹1└Üè.
[0008E0]  8A 02 5D C3 22 20 20 20   20 20 ...   è.]├"         Dat
[0008F0]  65 69 28 65 6E 29 20 6E   69 63 ...   ei(en) nicht gef
[000900]  75 6E 64 65 6E 20 21 1D   20 20 ...   unden !.
[000910]  50 66 61 64 20 6E 69 63   68 74 ...   Pfad nicht gefun
[000920]  64 65 6E 20 21 32 20 20   20 20 ...   den !2        Da
[000930]  74 65 69 20 69 73 74 20   73 63 ...   tei ist schreibg
[000940]  65 73 63 68 75 65 74 7A   74 2C ...   eschuetzt, abgeb
[000950]  72 6F 63 68 65 6E 20 21   25 20 ...   rochen !%
[000960]  20 4C 61 75 66 77 65 72   6B 73 ...    Laufwerksnummer
[000970]  20 75 6E 7A 75 6C 61 65   73 73 ...    unzulaessig !(
[000980]  20 20 20 20 20 20 20 44   69 73 ...           Diskette

        <E>NDE, WEITER BEL. TASTE ..
```

Abbildung 19: Bildschirmausgabe von "HEXLIST"

Funktions-Schema:

HEXLIST arbeitet nach folgendem Schema:

▶ Cursor sichern und verstecken.

▶ Graphikkarte bestimmen und Farben entsprechend setzen.

▶ Startbild hinschreiben.

▶ Rahmen für Hauptprogramm zeichnen.

▶ Übergabeparameter an Dateiname zuweisen.

▶ Falls Hilfe angefordert wird, Ausgabe eines Hilfstextes und anschließend Programmende.

▶ Falls zweiter Übergabeparameter vorhanden (/H), dann Variable
HexOn auf logisch *True* setzen.

▶ Datei öffnen.

....

- ▶ Schleife: Solange das physikalische Dateiende nicht erreicht ist.
  - ■ Lese einen Block von 4096 Bytes.
- ▶ Schleife: Solange nicht alle 4096 Bytes ausgegeben wurden und die Abbruchbedingung *False* ist
  - ■ Schreibe Datei-Offset.
  - ■ Falls HexOn *True* ist, gib 16 Hexwerte der 16 aktuellen Zeichen aus.
  - ■ Prüfe Filterbedingung: Falls ASCII-Zeichen keine Steuerzeichen sind, schreibe ASCII-Zeichen, sonst einen Punkt.
  - ■ Warte am Seitenende.
- ▶ Schleifenende.
- ▶ Schließe Datei.
- ▶ Schlußmeldung schreiben, Bildschirmattribute zurücksetzen.
- ▶ Programmende.

Verwendete DOS-Funktionen/Prozeduren:

Prozedur:	Verwendungszweck:
▶ Assign:	einer Datei-Variablen eine externe Datei zuordnen.
▶ BlockRead:	Datei blockweise lesen.
▶ Close:	Datei schließen.
▶ ClrScr:	Bildschirm löschen.
▶ Delay:	Programmverzögerung.
▶ DetectGraph:	Graphikkarte bestimmen.
▶ GoToXY:	Ausgabe auf dem Bildschirm positionieren.
▶ Intr ($10, Regs):	Cursor sichern/verstecken/restaurieren.
▶ IoResult:	Fehlerbehandlung.
▶ Keypressed:	Taste gedrückt (Boolean)?
▶ ReadKey:	Zeichen von der Tastatur lesen.
▶ Reset:	eine existierende Datei zum Lesen öffnen.
▶ TextBackground, TextAttr, TextColor:	Vordergrund-/Hintergrundfarbe setzen.
▶ Window:	Bildschirmausschnitt festlegen.

Verwendete Unterprogramme:

GetCursor   speichert die aktuellen Cursoreinstellungen, so daß sie nach dem Programmende wieder restauriert werden können (Interrupt 10h).

HideCursor   ist eine kurze Prozedur, die ebenfalls auf den Interrupt 10h zugreift. Sie läßt den Cursor vom Bildschirm verschwinden, da es optisch störend ist, wenn in einer Bildschirmmaske der Cursor irgendwo herumhängt.

ShowCursor   läßt den Cursor beim Programmende wieder erscheinen. Dabei werden die von -> *GetCursor* gesicherten Daten wieder gesetzt. Dies gewährt, daß unabhängig von der vorherigen Cursorform wieder derselbe Cursor gesetzt wird.

Fehl   gibt eine Fehlermeldung aus, wenn im Programmverlauf irgendein Fehler aufgetreten ist. Anschließend wird das Programm beendet.

Help   gibt einen Hilfstext aus, wenn dem Programm ein Fragezeichen übergeben wurde oder das Programm gar keinen Parameter erhalten hat.

ASCII   ist eine Boolean-Funktion, die genau dann Logisch *True* wird, wenn das übergebene ASCII-Zeichen kein Steuerzeichen ist.

UPCAS   wandelt eine Datenzeile von Kleinschrift in Großbuchstaben um.

HexByte   berechnet die hexadezimale Zeichennummer eines ASCII-Zeichens: Der dezimale Ordinalwert wird in eine Hexadezimalzahl umgerechnet.

HexLong   berechnet aus einer *LongInt*-Variablen (dezimal) den entsprechenden Hexadezimalwert. Dazu wird die Zahl in 16er-Potenzen zerlegt und so das Abbild der entsprechenden Dezimalzahl errechnet. Die errechnete Zahl zwischen 0 und 15 (0..F) wird dann direkt in das entsprechende Zeichen an der Position *Zahl* in einen *Hex String* umgeschrieben, der die Ziffern 0..F enthält "0123456789 ABCDEF".

```
(* UMWANDLUNG EINES LONGINT-OFFSETS IN EINE HEXADEZIMALDARSTEL- *)
(* LUNG IM STRINGFORMAT.                                        *)

FUNCTION HEXLONG (I : LONGINT) : STRING;
VAR X1, X2, X3, X4, X5, X6: LONGINT;
BEGIN
   X1 := TRUNC(I/1048576);
   X2 := TRUNC((I-X1*1048576)/65536);
   X3 := TRUNC((I-X1*1048576-X2*65536)/4096);
   X4 := TRUNC((I-X1*1048576-X2*65536-22X3*4096)/256);
   X5 := TRUNC((I-X1*1048576-X2*65536-X3*4096-X4*256)/16);
   X6 := I-X1*1048576-X2*65536-X3*4096-X4*256-X5*16;
   HEXLONG:= HEX_ZIFFERN[X1+1] + HEX_ZIFFERN[X2+1]+
             HEX_ZIFFERN[X3+1] + HEX_ZIFFERN[X4+1]+
             HEX_ZIFFERN[X5+1] + HEX_ZIFFERN[X6+1];
END; (* HEXLONG *)
```

Die Funktion *Min* bestimmt das Minimum zweier Zahlen.

Hauptprogramm

Das Hauptprogramm übernimmt in *HexList* alle wesentlichen Aufgaben, die vorhandenen Unterprogramme sind eigentlich nur ausgelagerter Programmcode, um den Kern des Programms kürzer zu gestalten. Im Hauptprogramm wird zuerst die Art der Graphikkarte ermittelt. Die Bildschirmfarben werden entsprechend gesetzt. Wie üblich werden die Cursordaten ermittelt und der Cursor versteckt. Nach der Ausgabe des Startbildes wird geprüft, ob Hilfe für die Benützung des Programms angefordert wurde. Falls ja, wird mit der Prozedur *Help* ein Hilfstext ausgegeben und das Programm beendet.

Falls dem Programm der Parameter "/H" übergeben worden ist, wird dies nun in einer entsprechenden Variablen *HexOn* vermerkt. Anschließend wird die zu lesende Datei geöffnet und das Programm verzweigt in eine Schleife (Repeat ... Until EOF(FIL) Or Abbruch). Darin wird die binäre Datei blockweise gelesen, in Blöcken à 4096 Bytes (4kBytes). Die gewählte Blockgröße ist willkürlich als 16er Potenz gewählt worden.

In einer zweiten, inneren Schleife werden nun die eigentlichen Aufgaben erledigt: Der berechnete Datei-Offset wird zuerst ausgegeben, anschließend die hexadezimale Darstellung der ASCII-Zeichen (falls das Programm im Hex-Modus "/H" arbeitet) und zuletzt die eigentlichen ASCII-Zeichen in der binären Datei. Dabei wird noch ein Filter aktiviert, so daß die Steuerzeichen

(ASCII 0-31) nur durch einen Punkt repräsentiert werden. Am Ende einer vollen Bildschirmseite wird gewartet.

Das Abbruchkriterium ist genau dann erfüllt, wenn der Benützer ein "E" eingibt (für <E>nde) oder das physikalische Dateiende erreicht ist. Anschließend verabschiedet sich das Programm mit einer Schlußmeldung.

Programm-Quellcode

Da das Programm für einen Abdruck zu umfangreich ist, wird hier darauf verzichtet. Der vollständige Quellcode befindet sich jedoch auf den dem Buch beiliegenden Disketten.

4.8 Disk-Kennsatz: Was MS-DOS vergessen hat

VOLX

Thematik

Zu jeder Datei und jedem Verzeichnis zeigt der *DIR*-Befehl von MS-DOS sowohl das Datum als auch die Uhrzeit der Erstellung. Die oft recht nützliche Information, wann eine Disk(ette) formatiert und mit einem Kennsatz versehen wurde, fehlt beim *DIR*-Befehl von DOS leider. Sehr oft wäre es nämlich nützlich zu sehen, wann eine Disk(ette) formatiert und mit einem Kennsatz versehen wurde. Da der Kennsatz einer Disk(ette) oft beim Formatieren oder kurz danach mit *Label A:* angebracht wird, spiegelt der Eintrag des Labels recht genau den Zeitpunkt wider, an dem formatiert wurde. Somit zeigt dieser Eintrag in vielen Fällen das Alter einer Festplatte oder Diskette.

Zusätzlich kann das Label alle Attribute besitzen, die eine Datei oder ein Verzeichnis auch haben. Allerdings haben diese Attribute beim Kennsatz einer Festplatte oder Diskette viel weniger Bedeutung. Nur das *ReadOnly*-Attribut bewirkt, daß der Kennsatz nicht mehr verändert oder gelöscht werden kann (ausprobieren !).

Das Utility *VOLX* zeigt sowohl das Datum und die Uhrzeit der Erstellung des Kennsatzes als auch alle Attribute an. Die Änderung dieser Parameter ist mit den Norton Utilities ohne weiteres möglich.

Aufruf des Programms/Parameter:

VOLX [A:]

Als Parameter wird eine Laufwerksangabe erwartet. Falls kein Laufwerk angegeben wird, nimmt der Befehl das aktuelle, gültige Laufwerk an.

Ziel/Zweck des Programms:

Ausgabe des Namens des Disk-Kennsatzes, Datum und Uhrzeit der Erstellung sowie der Attribute.

```
┌─────────────────────────────────────────────────────┐
│ Version 3.0  (C) 1990-91  G. Fischer .                │
│                                                       │
│ Labelname:       Attrib:    Datum:        Zeit:       │
│                                                       │
│ ALLE_DATEN       V AR-H     12-01-1991    16:12:22    │
└─────────────────────────────────────────────────────┘
```

Abbildung 20: Bildschirmausgabe von VOLX

Funktions-Schema:

VOLX arbeitet nach folgendem Schema:

- Ctrl-Break inaktivieren.
- Graphikkarte bestimmen und Farben entsprechend setzen.
- Variable für Pfad aufgrund von ParamStr(1) setzen.
- Falls Hilfe angefordert wurde mit einem "?", Ausgabe eines Hilfstextes und Programm beenden.
- Falls eine Fehleingabe gemacht wurde, Ausgabe einer Fehlermeldung und Beendung des Programms.
- Pfad ergänzen (Laufwerksbuchstabe + ':\' = Wurzelverzeichnis).
- Labeleintrag suchen (mit FindFirst, Attribut $08).
- Ausgabe einer Fehlermeldung, falls kein Label gefunden wird, anschließend Programm beenden.
- Name des Labels bestimmen.
- Attributkombination bestimmen.
- Datum und Uhrzeit entpacken und in Stringvariablen abfüllen.
- Ergebnisse an Bildschirm schreiben (Name, Datum, Uhrzeit, Attribute).
- Programmende.

Verwendete DOS-Funktionen/Prozeduren	
Prozedur:	**Zweck:**
▶ CheckBreak:	Ctrl-Break inaktivieren.
▶ ClrScr:	Bildschirm löschen.
▶ DetectGraph:	Graphikkarte bestimmen.
▶ DosError:	Fehlerbehandlung
▶ FindFirst:	Labeleintrag ermitteln.
▶ GoToXY:	Ausgabe auf dem Bildschirm positionieren.
▶ TextBackground, TextAttr, TextColor:	Vordergrund-/Hintergrundfarbe setzen.
▶ Window:	Bildschirmausschnitt festlegen.

Verwendete Unterprogramme:

Es sind keine Subroutinen und Prozeduren vorhanden. Die gesamte Aufgabe wird vom Hauptprogramm durchgeführt.

Hauptprogramm

Zuerst detektiert das Programm die vorhandene Graphikkarte und setzt die Bildschirmfarben entsprechend. Anschließend werden die benützten Variablen initialisiert. Falls zum Programm Hilfe angefordert wurde, wird ein kurzer Hilfstext ausgegeben und das Programm danach beendet.

Andernfalls wird nun geprüft, ob eine sinnvolle Laufwerksangabe als Parameter spezifiziert wurde. Im Falle von Fehleingaben wird das Programm nach einer Fehlermeldung beendet. Zu diesem Zeitpunkt wird der Laufwerksbuchstabe des Laufwerkes, auf dem nach dem Label gesucht werden soll, um die Zeichen ':\' ergänzt. Dann beginnt die Suche nach dem Labeleintrag mit dem Attribut *$08*.

Falls gar kein solcher Verzeichniseintrag gefunden wird, wird das Programm ebenfalls mit einer Fehlermeldung beendet. Sonst werden der Name des Labels, die Labelattribute sowie der Zeitpunkt der Erstellung (Datum und Uhrzeit) bestimmt. Zuletzt werden die gefundenen Werte an den Bildschirm geschrieben.

Programm-Quellcode

```pascal
{******************************************************************}
{*                      V O L X                              *}
{*----------------------------------------------------------------*}
{*      Aufgabe       : VOLX ist ein verbesserter VOL-Command *}
{*----------------------------------------------------------------*}
{*      Autor         : Georg Fischer                         *}
{*                                                            *}
{*                                                            *}
{*      entwickelt am  : 09.10.1990                           *}
{*      letztes Update : 26.10.1990                           *}
{*                                                            *}
{*      Version 3.0    : 01.05.1991 (farbig)                  *}
{*                                                            *}
{******************************************************************}
PROGRAM VOLX;

{$R+}      {Range checking on ###}
{$S+}      {Stack checking on ###22}
{$I+}      {I/O checking on ###}
{$N-}      {No numeric coprocessor ###}


USES DOS, CRT, GRAPH;


VAR  JAHR, MONAT, TAG             : WORD;      {* SELBSTERKLAEREND*}
     STUNDE, MINUTE, SEKUNDE      : WORD;
     MONAT1, TAG1, STUNDE1        : STRING[2]; {* DASSELBE MIT   *}
                                               {* NULLEN         *}
     MINUTE1, SEKUNDE1            : STRING[2]; {* ERGAENZT       *}
     TIME1                        : LONGINT;   {* "GEPACKTE" ZEIT*}
     TIMDAT1                      : DATETIME;  {* ZEIT/DATUMSREC.*}

VAR  I, J, K                      : INTEGER;   {* UNSPEZ. ZAEHLER*}
     PFAD                         : STRING[45];{* PFAD ZUM LABEL *}
     S                            : SEARCHREC; {* SUCHRECORD ZUM *}
                                               {* LABEL  *}
     FEHLER                       : INTEGER;   {* FEHLERINHALT   *}
     NAME                         : STRING[12];{* NAME DES LABELS*}
     ATTR                         : STRING[6]; {* LABEL-ATTRIBUT *}

VAR  FORE, BACK                   : INTEGER;   {* VORDERGRUND,   *}
                                               {* HINTERGRUND    *}
     GRAPHDRIVER, GRAPHMODE       : INTEGER;   {* GRAPHIKKARTE / *}
                                               {* MODE           *}
```

```pascal
{*******************}
{* HAUPT-PROGRAMM *}
{*******************}

BEGIN

  WRITELN;
  CHECKBREAK := FALSE;

  {* JE NACH GRAPHIKKARTE DIE FARBEN SETZEN *}
  {* JE NACH GRAPHIKKARTE DIE FARBEN SETZEN *}

  GRAPHDRIVER := DETECT;
  DETECTGRAPH(GRAPHDRIVER, GRAPHMODE);


  CASE GRAPHDRIVER OF
    -2,2,5,7: BEGIN
                FORE := 15;  BACK := 0;
              END;
     1,3,4,9: BEGIN
                FORE := 14; BACK := 1;
              END;
    ELSE BEGIN
      FORE:= 15; BACK := 0;
    END; {* ELSE BEGIN *}
  END; {* CASE *}


  {* FALLS ? EINGEGEBEN: HILFE *}
  {* FALLS ? EINGEGEBEN: HILFE *}

  PFAD := ' ';
  PFAD := PARAMSTR(1);

  IF (PFAD[1] = '?') THEN BEGIN
    CLRSCR;
    TEXTBACKGROUND(BACK); TEXTCOLOR(FORE);
    WINDOW(1,3,35,10);
```

```pascal
      WRITELN('┌────────────────────────┐');
      WRITELN('│ Aufruf: VOLX oder      │');
      WRITELN('│        : VOLX A:  etc. │');
      WRITELN('│                        │');
      WRITELN('│ Zeigt das VOL-LABEL des ange-│');
      WRITELN('│ gebenen Laufwerkes.    │');
      WRITELN('└────────────────────────┘');
      WINDOW(1,1,80,25);
      TEXTCOLOR(7); TEXTBACKGROUND(0);
      GOTOXY(1,11);

      HALT(0);
   END; {* IF *}


   {* INITIALISIEREN DES PFADES + FEHLERABFRAGE *}
   {* INITIALISIEREN DES PFADES + FEHLERABFRAGE *}


   IF ((LENGTH(PFAD) <> 2) OR (PFAD[2] <> ':')) AND
      (LENGTH(PFAD) <> 0) THEN BEGIN

      CLRSCR;
      TEXTBACKGROUND(BACK); TEXTCOLOR(FORE);
      WINDOW(1,3,55,10);

  WRITELN('┌────────────────────────────────────────',
          '──────────────────┐');
      WRITELN('│ Version 3.0  (C) 1990-91  G. Fischer . ',
          '          │');
      WRITELN('│                                        ',
          '          │');
      WRITELN('│ Labelname:      Attrib:    Datum:  ',
          '   Zeit:  │');
      WRITELN('│                                        ',
          '          │');
      WRITELN('│ Fehleingabe !!!                        ',
          '          │');
      WRITELN('└────────────────────────────────────────',
          '──────────────────┘');
      WINDOW(1,1,80,25);
      TEXTCOLOR(7); TEXTBACKGROUND(0);
      GOTOXY(1,12);
      WRITELN;
```

```
      HALT(0);
  END; (* IF *)


  IF (PFAD = '') THEN GETDIR(0,PFAD);


  PFAD := PFAD[1] + ':\';



  (* HAUPTTEIL: SUCHT LABEL UND UEBERPRUEFT AUF FEHLER          *)
  (* HAUPTTEIL: SUCHT LABEL UND UEBERPRUEFT AUF FEHLER          *)


  BEGIN

    WRITELN;

    FINDFIRST(PFAD+'*.*',$08,S);            (* LABEL SUCHEN *)
    FEHLER:=DOSERROR;                       (* FALLS NIX GEFUNDEN *)


    (* FEHLERBEHANDLUNG, FALLS GAR KEIN LABEL GEFUNDEN *)
    (* WURDE                                           *)

    IF (FEHLER <> 0) THEN BEGIN
       CLRSCR;
       TEXTBACKGROUND(BACK); TEXTCOLOR(FORE);
       WINDOW(1,3,55,10);

WRITELN(' ┌─────────────────────────────────────┐',
        '═════════════════┐ ');
       WRITELN('│ Version 3.0  (C) 1990-91  G. Fischer . ',
       '              │');
       WRITELN('│                                        ',
       '              │');
       WRITELN('│ Labelname:       Attrib:     Datum:    ',
       '  Zeit:    │');
       WRITELN('│                                        ',
       '              │');
       CASE FEHLER OF
         2:WRITELN('│   Label nicht gefunden !            ',
                   '              │');
         3:WRITELN('│   Pfad nicht gefunden !             ',
                   '              │');
        15:WRITELN('│   Laufwerksnummer unzulaessig !     ',
                   '              │');
```

```
        18:WRITELN('│    Kein Label auf Disk(ette)/Platte ',
                 '!                  │');
       152:WRITELN('│    Laufwerk ist nicht bereit !      ',
                 '                  │');
       ELSE WRITELN('│    Unbekannter Fehler !            ',
                 '                  │');
  END; (* CASE *)

    WRITELN('└─────────────────────────────',
         '─────────┘');
    WINDOW(1,1,80,25);
    TEXTCOLOR(7); TEXTBACKGROUND(0);
    GOTOXY(1,11);
    WRITELN('                                          ');
    WRITELN('                                          ');


  HALT(0);  (* ABBRECHEN *)
END;   (* IF *)



NAME   := S.NAME;

NAME:= COPY(NAME,1,8) + COPY(NAME,10,3)+'            ';


(* FILE-ATTRIBUTE BESTIMMEN *)
(* FILE-ATTRIBUTE BESTIMMEN *)

CASE S.ATTR OF

  08:ATTR:='V ----';        (* LABEL-ATTR. *)

  09:ATTR:='V -R--';
  10:ATTR:='V ---H';
  11:ATTR:='V -R-H';
  12:ATTR:='V --S-';
  13:ATTR:='V -RS-';
  14:ATTR:='V --SH';
  15:ATTR:='V -RSH';

  40:ATTR:='V A---';        (* LABEL-ATTR. *)
  41:ATTR:='V AR--';
  42:ATTR:='V A--H';
  43:ATTR:='V AR-H';
```

```
      44:ATTR:='V A-S-';
      45:ATTR:='V ARS-';
      46:ATTR:='V A-SH';
      47:ATTR:='V ARSH';
      ELSE ATTR:='? ????';
END;


(* ZEITDARSTELLUNG VORBEREITEN *)
(* ZEITDARSTELLUNG VORBEREITEN *)

TIME1    := S.TIME;
UNPACKTIME(TIME1, TIMDAT1);
JAHR     := TIMDAT1.YEAR;
MONAT    := TIMDAT1.MONTH;
TAG      := TIMDAT1.DAY;
STUNDE   := TIMDAT1.HOUR;
MINUTE   := TIMDAT1.MIN;
SEKUNDE  := TIMDAT1.SEC;


(* KONVERSION DER ZEITDATEN IN FIXED-LAENGE-STRING *)
(* KONVERSION DER ZEITDATEN IN FIXED-LAENGE-STRING *)

I:= STUNDE;
J:= MINUTE;
K:= SEKUNDE;

IF (I < 10) THEN  STUNDE1 :=CONCAT('0',CHR(I+48))
            ELSE  STR(I:2,STUNDE1);
IF (J < 10) THEN  MINUTE1 :=CONCAT('0',CHR(J+48))
            ELSE  STR(J:2,MINUTE1);
IF (K < 10) THEN  SEKUNDE1:=CONCAT('0',CHR(K+48))
            ELSE  STR(K:2,SEKUNDE1);


J:= MONAT;
K:= TAG;
IF (J < 10) THEN  MONAT1  :=CONCAT('0',CHR(J+48))
            ELSE  STR(J:2,MONAT1);
IF (K < 10) THEN  TAG1    :=CONCAT('0',CHR(K+48))
            ELSE  STR(K:2,TAG1);

(* DIRECTORY-EINTRAG HINSCHREIBEN                       *)
(* DIRECTORY-EINTRAG HINSCHREIBEN                       *)
```

```
      CLRSCR;

      TEXTBACKGROUND(BACK); TEXTCOLOR(FORE);
      WINDOW(1,3,55,10);
      WRITELN('┌────────────────────────────────',
              '───────────────┐');
      WRITELN('│ Version 3.0  (C) 1990-91  G. Fisch',
              'er .            │');
      WRITELN('│                                   ',
              '               │');
      WRITELN('│  Labelname:       Attrib:    Datum',
              ':        Zeit:  │');
      WRITELN('│                                   ',
              '               │');
      WRITE  ('│   ',NAME,'      ',ATTR,'       ',TAG1,'-',MONAT1,
              '-',JAHR);
      WRITELN('    ',STUNDE1,':',MINUTE1,':',SEKUNDE1,' │');
      WRITELN('└────────────────────────────────',
              '───────────────┘');
      WINDOW(1,1,80,25);
      TEXTCOLOR(7); TEXTBACKGROUND(0);
      GOTOXY(1,11);

      WRITELN('                                          ');
      WRITELN('                                          ');

   END;   {* BEGIN *}

END.
```

COPVOL

Thematik

Zwischen zwei Laufwerken mit demselben Format leistet der *DiskCopy-* Befehl von MS-DOS gute Dienste: Disketten können ohne Probleme dupliziert werden, um eine Sicherheitskopie von wertvollen Daten anzulegen. Bei kopiergeschützter Software, von der nur eine Diskette ausgeliefert wurde (das gibt es!), kann mit entsprechenden Programmen wie *CopyWrite* oder *CopyIIPc* ebenfalls eine Sicherheitskopie angefertigt werden. Sobald aber jemand seine Daten von 5¼ ''-Disketten auf 3½ ''-Disketten umkopieren will (oder umgekehrt), beginnen oft die Schwierigkeiten. Wenn dann die Originalsoftware gar Unterverzeichnisse auf der Originaldiskette angelegt hat, hilft nur noch der *XCopy-*Befehl von DOS weiter, der ganze Verzeichnisstrukturen mitkopiert. Nun ist das Problem weitgehend gelöst - oder doch nicht ? Sie erraten es bestimmt: Das Label der Diskette ist nicht mitkopiert worden! Und oft wird gerade das Label zur Installation von Software benötigt, da dieses von der Installationsroutine überprüft wird. So erkennt diese Routine, ob sich die richtige Diskette im Laufwerk befindet.

Nun müßte also der *Label-*Befehl von DOS dazu dienen, nachträglich das Label anzubringen. In solchen Fällen leistet der *CopVol-*Befehl der vorliegenden Programmsammlung gute Dienste. Er kopiert die Disk-Kennung von einem Laufwerk zum anderen, ohne dabei das Risiko von Tippfehlern einzugehen, das beim *Label-*Befehl unvermeidbar ist.

Aufruf des Programms/Parameter:

COPVOL A: B:

Als Parameter werden zwei Laufwerksangaben erwartet. Das Programm kopiert dann das Label vom ersten Laufwerk zum zweiten angegebenen Laufwerk. Falls nicht die richtige Parameteranzahl eingegeben wird, gibt das Programm eine Fehlermeldung aus.

Ziel/Zweck des Programms:

Erstellen einer Kopie des Disk-Kennsatzes auf einer zweiten Diskette.

```
CopVol  Version 3.0 (C) G. Fischer
```

```
Das Label wurde von Laufwerk C: nach D: kopiert.
```

```
C:\TURBO\DOSHILF>
```

Abbildung 21: Bildschirmausgabe von COPVOL

Funktions-Schema:

COPVOL arbeitet nach folgendem Schema:

- ► Graphikkarte detektieren und Farben entsprechend setzen.
- ► Titel zum Utility hinschreiben.
- ► Die beiden Laufwerke bestimmen. Abfüllen der zweiten Laufwerksbezeichnung in das entsprechende Feld im FCB (Dateikontrollblock).
- ► Label des ersten Laufwerkes bestimmen. Falls kein Label gefunden wird, eine entsprechende Fehlermeldung ausgeben (Programmende).
- ► Falls der Disk-Kennsatz ein verbotenes Zeichen enthält, Ausgabe einer Fehlermeldung.
- ► Gefundenen Disk-Kennsatz in *String*-Variable ablegen.
- ► Label auf zweitem Laufwerk bestimmen. Falls ein Label vorhanden ist, wird dieses mit der Prozedur *EraseLabel* gelöscht.
- ► Erstellen des neuen Labels auf dem zweiten Laufwerk. Falls die Aktion nicht erfolgreich verläuft, Ausgabe einer entsprechenden Fehlermeldung (Programmende).
- ► Sonst: Meldung über den Erfolg der Aktion ausgeben.
- ► Programmende.

Verwendete DOS-Funktionen/Prozeduren	
Prozedur:	**Zweck:**
► ClrScr:	Bildschirm löschen.
► DetectGraph:	Graphikkarte bestimmen.
► DosError:	Fehlerbehandlung
► FindFirst:	Labeleintrag ermitteln.
► GoToXY:	Ausgabe auf dem Bildschirm positionieren.
► MSDOS(Regs):	Aufruf des Interrupt 21h, Funktionen $13, $16. Zweck: Label *datei* löschen/erstellen.
► Ofs-Funktion:	Liefert den Offset-Anteil der Adresse (FCB).
► Seg-Funktion:	Liefert die Segmentadresse (des FCB).
► TextAttr:	Vordergrund-/Hintergrundfarbe setzen.

Verwendete Unterprogramme:

Error gibt eine dem jeweiligen Fall angepaßte Fehlermeldung aus.

GetDrive bestimmt die zwei Laufwerke aufgrund der Übergabeparameter (OriginalLaufwerk/ZielLaufwerk).

FillSt füllt einen 11-stelligen Namens-String rechtsbündig mit Leerzeichen auf bis zu seinem Ende an der elften Position.

EraseLabel (Disk-Kennung löschen)

Um die Funktionsweise dieser Prozedur zu verstehen, ist eine Erklärung über den internen Aufbau von DOS notwendig.

Bei der Manipulation von Dateien muß sich MS-DOS bestimmte Daten über diese Dateien merken. Bei den FCB-Funktionen geschieht dies in einem vom jeweiligen Programm zur Verfügung gestellten Speicherbereich. Dieser wird FCB genannt (File Control Block, auf Deutsch Dateikontrollblock). Neben dem gewöhnlichen FCB gibt es inzwischen den sogenannten erweiterten FCB, der auch die Kontrolle der Dateiattribute beinhaltet.

Außer dem erweiterten FCB gibt es noch die *Handle*-Funktionen, mit denen auf eine Datei zugegriffen werden kann. Sie sind einfacher zu benützen als die FCB-Funktionen, jedoch ist der Zugriff auf die Disk-Kennung damit nicht möglich (5, S. 131 unten).

Den Aufbau eines erweiterten FCB wollen wir uns genauer ansehen. Er ist eine 44 Byte lange Datenstruktur, die in einzelne unterschiedlich große Datenfelder aufgeteilt ist.

	Aufbau eines erweiterten FCB (File Control Blocks)	
Adresse	**Bedeutung**	**Länge**
* 00h	Kennzeichen eines erweiterten FCB (FFh)	1 Byte
01h	Reserviert	5 Byte
* 06h	Datei-Attribut	1 Byte
* 07h	Gerätenummer (Laufwerksnummer)	1 Byte
* 08h	Dateiname, aufgefüllt mit Leerzeichen	8 Byte
* 10h	Dateierweiterung, aufgefüllt mit Leerzeichen	3 Byte

	Aufbau eines erweiterten FCB (File Control Blocks)	
Adresse	**Bedeutung**	**Länge**
13h	Aktuelle Blocknummer	2 Byte
15h	Datensatzgrösse	2 Byte
17h	Dateigröße	4 Byte
1Bh	Datum der letzten Modifikation	2 Byte
1Dh	Uhrzeit der letzten Modifikation	2 Byte
1Fh	Reserviert	8 Byte
27h	Aktuelle Datensatznummer	1 Byte
28h	Datensatznummer für wahlfreien Zugriff	4 Byte
Totale Länge des FCB: 44 Byte		

Tabelle 3: Aufbau eines erweiterten FCB

Für unser Programm sind die mit einem (*) versehenen FCB-Felder von
Bedeutung. Das erste Byte muß den Wert FFh enthalten, um DOS mitzutei-
len, daß es sich bei unserer Anwendung um einen erweiterten FCB handelt.
Das Dateiattribut muß den Wert 08h erhalten. Damit wird deklariert, daß für
alle FCB-Operationen nur das Disk-Kennzeichen benützt werden soll. Als
Laufwerksnummer wird die folgende Konvention benützt: "1h = A:, 2h =
B:, 3h = C: " usw. Beim Dateinamen sowie der Erweiterung ist darauf zu
achten, daß die Felder auf der rechten Seite mit Blanks aufgefüllt werden.

Zu Beginn des Programms wird für den FCB wie folgt ein Speicherbereich
zur Verfügung gestellt:

```
CONST
  FCB         : ARRAY [0..43] OF BYTE =
                     ($FF, $00, $00, $00, $00, $00, $08, $03,
                      $00, $00, $00, $00, $00, $00, $00, $00,
                      $00, $00, $00, $00, $00, $00, $00, $00,
                      $00, $00, $00, $00, $00, $00, $00, $00,
                      $00, $00, $00, $00, $00, $00, $00, $00,
                      $00, $00, $00, $00);
```

Die Zuordnung des richtigen Laufwerkes erfolgt im Programmablauf wie
folgt:

FCB[7]:= ORD(DRIVE2[1]) -64;

Für das Laufwerk "C:" ergibt sich so für den ASCII-Wert von C der Wert
67, die Zahl 64 wird subtrahiert und man erhält so den gesuchten Wert "03"
oder "03h".

Mit der Zuordnung für den Dateinamen,

```
OLDVOLUMEID := '???????????';
```

wird erklärt, daß die nun folgende Prozedur *EraseLabel* jede Disk-Kennung
löschen soll (Die Fragezeichen stehen für einen beliebigen Namen).

```
(* ALTES LABEL AUF LAUFWERK 2 MIT FCB LOESCHEN *)
 (* ALTES LABEL AUF LAUFWERK 2 MIT FCB LOESCHEN *)
PROCEDURE ERASELABEL;
VAR
  REGS: REGISTERS;
  I   : BYTE;
BEGIN
  FOR I:=1 TO 11 DO FCB[I+7] := ORD(OLDVOLUMEID[I]);
  WITH REGS DO BEGIN
    AH := $13;
    DS := SEG(FCB);
    DX := OFS(FCB);
    MSDOS(REGS);
    IF (AL <> 0) THEN ERROR(3);
  END;
END;
```

Die Art des Interruptaufrufes ist in der Fachliteratur dokumentiert (1, 2, 3).
$13 im AH-Register steht dabei für das Löschen einer Datei, mit dem *FCB*-Attribut wird gesagt, daß nur das Label der Disk zu löschen ist. Die übergebenen '?' schließlich bedeuten, daß der Label-Eintrag beliebig heißen kann - er wird immer beseitigt.

Die Prozedur *NewLabel* erstellt schließlich das neue Label auf dem zweiten angegebenen Laufwerk. Dabei wird wieder eine *FCB*-Funktion benützt, nämlich $16 für das Erstellen des Labels.

```
 (* NEUES LABEL AUF LAUFWERK 2 MIT FCB ANLEGEN *)
 (* NEUES LABEL AUF LAUFWERK 2 MIT FCB ANLEGEN *)
PROCEDURE NEWLABEL;
VAR
  REGS : REGISTERS;
  I    : BYTE;
BEGIN
  FOR I:=1 TO 11 DO  FCB[I+7] := ORD(NEWVOLUMEID[I]);
  WITH REGS DO BEGIN
    AH := $16;
    DS := SEG(FCB);
    DX := OFS(FCB);
    MSDOS(REGS);
    IF (AL <> 0) THEN ERROR(2);
  END;
END;
```

Nach dem Aufruf des DOS-Interrupts wird jeweils das AL-Register auf eine Fehlerbedingung hin überprüft. Falls nicht eine Null zurückgeliefert wird, ist ein Fehler aufgetreten. Ein Fehler beim Anlegen des Labels tritt z. B. dann auf, wenn der Name ein ungültiges Zeichen wie '.' oder ',' enthält.

Das Programm wird dann mit einer Fehlermeldung abgebrochen.

Die Prozedur *SetLabel1* sucht mit der Prozedur *FindFirst* den Namen der Disk-Kennung auf dem ersten angegebenen Laufwerk. Der Name wird in der Variablen *NewVolumeId* abgelegt.

Die Prozedur *SetLabel2* stellt den allgemeinen Namen '???????????' für die Prozedur *EraseLabel* bereit, falls auf dem zweiten Laufwerk ein Label gefunden wird. Gesucht wird ein allfälliges Label wieder mit der Prozedur *Find-First*.

Hauptprogramm

Das Hauptprogramm von *CopVol* übernimmt nur Steueraufgaben. Nach der Detektion der Graphikkarte werden die Bildschirmfarben entsprechend gesetzt und der Titel des Programms an den Bildschirm geschrieben. Dann werden mit der Prozedur *GetDrive* die beiden Laufwerke bestimmt, die am Kopieren des Labels beteiligt sind. Die Prozedur *SetLabel1* bestimmt danach das Disk-Kennzeichen des ersten Laufwerkes. *SetLabel2* bestimmt das Label des zweiten Laufwerkes und löscht es über die Prozedur *EraseLabel*, falls nötig.

Zuletzt wird mit *NewLabel* das neue Disk-Kennzeichen auf dem zweiten Laufwerk angebracht. Falls bei der ganzen Aktion kein Fehler aufgetreten ist, wird eine Erfolgsmeldung ausgegeben - andernfalls bricht das Programm mit einer entsprechenden Fehlermeldung ab.

Programm-Quellcode

```
(*********************************************************************)
(*                     C O P V O L                              *)
(*-----------------------------------------------------------------*)
(* Aufgabe    : COPVOL ermoeglicht das Kopieren eines Labels    *)
(*              von einer Diskette zu einer anderen.            *)
(*-----------------------------------------------------------------*)
(* Autor      : Georg Fischer                                   *)
(*                                                              *)
(* 1. Version : 01.05.1991                                      *)
(*                                                              *)
(* 3. Version : 24.07.1991 (Farbig)                            *)
```

```pascal
{*                                                        *}
{***********************************************************************}

PROGRAM COPVOL;
USES DOS, CRT, GRAPH;

TYPE

  {* FUER LABEL - NAMEN *}

  STR11 = STRING[11];

CONST
  MESSAGE     : STRING  =

  {* TITEL }
  'CopVol  Version 3.0 (C) G. Fischer                       ;
  DRIVE1     : STRING[1] = 'A';          {* 1. LAUFWERK *}
  DRIVE2     : STRING[1] = 'B';          {* 2. LAUFWERK *}

  {* FCB - FELDER: NUR NAMEN UND SUCHKRITERIUM VON INTERESSE: *}
  {* NAME: FCB[8..18] / ATTRIBUT: FCB[6] ($08)               *}
  FCB        : ARRAY [0..43] OF BYTE =
                        ($FF, $00, $00, $00, $00, $00, $08, $03,
                         $00, $00, $00, $00, $00, $00, $00, $00,
                         $00, $00, $00, $00, $00, $00, $00, $00,
                         $00, $00, $00, $00, $00, $00, $00, $00,
                         $00, $00, $00, $00, $00, $00, $00, $00,
                         $00, $00, $00, $00);

  {* INITIALISIEREN DER LABEL-NAMEN *}

  NEWVOLUMEID: STR11 = '';
  OLDVOLUMEID: STR11 = '';

VAR
  FEHLER     : BYTE;
  GRAPHDRIVER: INTEGER;
  GRAPHMODE  : INTEGER;


{* GIBT JE NACH FEHLER EINE MELDUNG *}
{* GIBT JE NACH FEHLER EINE MELDUNG *}
```

```pascal
PROCEDURE ERROR(NO: BYTE);
BEGIN
  WRITELN('━━━━━━━━━━━━━━━━━━━━━━━━',
          '━━━━━━━━━━━━━━━━━━━━━━━━');
  WRITE('Fehler');
  CASE NO OF
    1: WRITELN('! Alter Name des Datenträgers ',
               'nicht gefunden.            ');
    2: WRITELN('! Name des Datenträgers konnte',
               ' nicht eingetragen werden.');
    3: WRITELN('! Name des Datenträgers konnte',
               ' nicht gelöscht werden.   ');
    4: WRITELN(' bei Parameteruebergabe !    ',
               ' Bsp. : COPVOL  C:  A:    ');
    5: WRITELN('! Verbotenes Zeichen im ersten',
               ' Label. Bsp.: "."           ');
  END;

  WRITELN('━━━━━━━━━━━━━━━━━━━━━━━━',
          '━━━━━━━━━━━━━━━━━━━━━━━━');
  HALT(NO);
END;
(* LAUFWERKSBUCHSTABEN HOLEN. EINTRAG IN FCB FUER DAS *)
(* ZWEITE LAUFWERK.                                   *)

PROCEDURE GETDRIVE;
BEGIN
  IF (PARAMCOUNT <> 2) THEN ERROR(4);
  DRIVE1:= PARAMSTR(1);
  DRIVE2:= PARAMSTR(2);
  DRIVE1:= UPCASE(DRIVE1[1]);
  DRIVE2:= UPCASE(DRIVE2[1]);
  FCB[7]:= ORD(DRIVE2[1]) -64;
END;


(* VOLUME - NAMENSSTRING MIT LEERZEICHEN ⊕AUFFUELLEN *)
(* VOLUME - NAMENSSTRING MIT LEERZEICHEN AUFFUELLEN   *)

PROCEDURE FILLSTR(VAR STRG: STR11);
VAR
  B : BYTE;
BEGIN
  IF STRG <> '' THEN
```

```pascal
      STRG:= STRG + '
END;



(* ALTES LABEL AUF LAUFWERK 2 MIT FCB LOESCHEN *)
(* ALTES LABEL AUF LAUFWERK 2 MIT FCB LOESCHEN *)

PROCEDURE ERASELABEL;
VAR
  REGS: REGISTERS;
  I   : BYTE;
BEGIN
  FOR I:=1 TO 11 DO FCB[I+7] := ORD(OLDVOLUMEID[I]);
  WITH REGS DO BEGIN
    AH := $13;
    DS := SEG(FCB);
    DX := OFS(FCB);
    MSDOS(REGS);
    IF (AL <> 0) THEN ERROR(3);
  END;
END;



(* NEUES LABEL AUF LAUFWERK 2 MIT FCB ANLEGEN *)
(* NEUES LABEL AUF LAUFWERK 2 MIT FCB ANLEGEN *)

PROCEDURE NEWLABEL;
VAR
  REGS : REGISTERS;
  I    : BYTE;
BEGIN
  FOR I:=1 TO 11 DO  FCB[I+7] := ORD(NEWVOLUMEID[I]);
  WITH REGS DO BEGIN
    AH := $16;
    DS := SEG(FCB);
    DX := OFS(FCB);
    MSDOS(REGS);
    IF (AL <> 0) THEN ERROR(2);
  END;
END;



(* LABEL AUF LAUFWERK 1 HOLEN *)
(* LABEL AUF LAUFWERK 1 HOLEN *)
```

```
PROCEDURE SETLABEL1;
VAR
  S : SEARCHREC;
BEGIN
  S.NAME := '';
  FINDFIRST(DRIVE1+':\*.*',VOLUMEID,S);
  IF DOSERROR <> 0 THEN ERROR(1);
  IF POS('.',S.NAME) > 0 THEN
    DELETE (S.NAME, POS('.', S.NAME), 1);
  IF POS('.',S.NAME) > 0 THEN ERROR(5);
  NEWVOLUMEID := S.NAME;
  FILLSTR(NEWVOLUMEID);
END;


{* ALTES LABEL AUF LAUFWERK 2 HOLEN: FALLS  *}
{* VORHANDEN: LOESCHROUTINE AUFRUFEN. ALLES *}
{* LOESCHEN.                                *}

PROCEDURE SETLABEL2;
VAR
  S : SEARCHREC;
BEGIN
  S.NAME := '';
  FINDFIRST(DRIVE2+':\*.*',VOLUMEID,S);
  IF DOSERROR = 0  THEN BEGIN
    OLDVOLUMEID := '???????????';

    ERASELABEL;
  END;
END;



{* MAIN *}
{* MAIN *}

BEGIN

  {* JE NACH GRAPHIKKARTE DIE FARBEN SETZEN *}
  {* JE NACH GRAPHIKKARTE DIE FARBEN SETZEN *}

  CLRSCR;
  GRAPHDRIVER := DETECT;
  DETECTGRAPH(GRAPHDRIVER, GRAPHMODE);
  CASE GRAPHDRIVER OF
```

```
      -2,2,5,7: BEGIN
                  TEXTATTR := 7;
              END;
       1,3,4,9: BEGIN
                  TEXTATTR := 30;
              END;
    ELSE BEGIN
      TEXTATTR := 7;
    END; (* ELSE BEGIN *)
END; (* CASE *)


(* RAHMEN *)
GOTOXY(3,3);
WRITELN;
WRITELN('━━━━━━━━━━━━━━━━━━━━━━━━━',
        '━━━━━━━━━━━━━━━━━━━━━━━━━');

WRITELN(MESSAGE);
WRITELN('━━━━━━━━━━━━━━━━━━━━━━━━━',
        '━━━━━━━━━━━━━━━━━━━━━━━━━');
GETDRIVE;    (* LAUFWERKE HOLEN                            *)
SETLABEL1;   (* ZU KOPIERENDES LABEL HOLEN                 *)
SETLABEL2;   (* ALTES LABEL AUF LAUFWERK2 HOLEN UND LOESCHEN *)
NEWLABEL;    (* LABEL AUF LAUFWERK2 NEU ANLEGEN            *)
WRITELN('━━━━━━━━━━━━━━━━━━━━━━━━━',
        '━━━━━━━━━━━━━━━━━━━━━━━━━');
WRITELN('Das Label wurde von Laufwerk ',DRIVE1,': nach ',DRIVE2,
        ': kopiert.                ');
WRITELN('━━━━━━━━━━━━━━━━━━━━━━━━━',
        '━━━━━━━━━━━━━━━━━━━━━━━━━');

TEXTATTR := 7;


END.
```

ANHANG

(Utility *ALARM*)

Während der Arbeit am Computer kommt es sehr oft vor, daß die Zeit wie im Fluge vergeht ... dann ist es auch schon passiert: Man hat einen wichtigen Termin oder ein wichtiges Treffen verpaßt. Mir ist es jedenfalls gelegentlich so ergangen. Die Idee eines Verwandten, der einen Wecker auf dem PC realisiert hatte, fand ich deshalb sehr gut - aber nur als *TSR*-Programm verwirklicht, das nicht den ganzen PC belegt und im Hintergrund arbeitet. Außerdem sollte die "Alarmzeit" nicht nur am Programmbeginn, sondern zu einem beliebigen Zeitpunkt eingestellt werden können.

An eine Weckeruhr auf dem PC werden grundsätzlich vier Anforderungen gestellt. Die erste besteht darin, daß sie permanent die Uhrzeit anzeigt. Die zweite Aufgabe besteht in einer Möglichkeit, die Alarmzeit zu einem beliebigen Zeitpunkt vorgeben zu können. Die dritte Vorgabe ist die, daß der Wecker zur vorbestimmten Zeit ertönen muß, unabhängig davon, was der PC sonst gerade tut. Die vierte und letzte Vorgabe ergibt sich schließlich aus den drei andern: Die Uhr muß ein *TSR*-Programm sein.

TSR-Programmierung: Ein Ausblick

Das Wort *TSR* ist eine englische Abkürzung für "Terminate and stay resident" und bedeutet sinngemäß übersetzt "Speicherresident". Die wörtliche Übersetzung wäre "Beenden und im Speicher behalten". *TSR*-Programme sind der schwierigste Teil der Systemprogrammierung. Es gibt zahlreiche Regeln, die beachtet werden müssen, und ebenso zahlreich sind die Fallen, in die man geraten kann, weil MS-DOS eigentlich nicht multitaskingfähig ist (2, S. 526).

Bei der Entwicklung eines *TSR*-Programms sollte man zuerst immer ein "normales" Programm entwickeln und dieses gut austesten. Erst wenn dieses Programm keine Fehlreaktionen mehr zeigt, kann es in ein *TSR*-Programm umgewandelt werden.

Um nun ein Programm zur Anzeige der Uhrzeit zu erstellen, wäre es naheliegend, den Befehl *GetTime* von Turbopascal zu verwenden. Dabei besteht die Gefahr, daß dieser Befehl, der ja nichts anderes als eine DOS-Funktion ist, die Ausführung einer andern, gerade auszuführenden DOS-Funktion (INT 21h) unterbricht. Genau in diesem Moment tritt das Problem der Reentranz auf: DOS ist nicht reentrant. Dieser Begriff steht für die Fähigkeit des Systems, seinen Programmcode von mehreren Programmen gleichzeitig (parallel) ausführen zu lassen; DOS kann dies nicht. Falls man trotzdem versucht, eine DOS-Funktion auszuführen, während gerade eine andere ausgeführt wird, führt dies zu unvorhersehbarem Verhalten der Funktion und schließlich zum Absturz des Systems.

Es bleiben daher nur zwei Möglichkeiten offen: Entweder auf den Aufruf der DOS-Funktionen des INT 21h zu verzichten oder den Aufruf des *TSR*-Programms nur dann zu erlauben, wenn gerade keine DOS-Funktion aktiv ist. Wir könnten nun versuchen, über das INDOS-Flag von DOS dessen Zustand abzufragen, ob der Aufruf der Funktion *GetTime* erlaubt ist. Ich verrate Ihnen aber schon jetzt, daß dies in eine Sackgasse führt (6, S. 153 ff.). Wenn ein Anwenderprogramm gestartet ist, tritt der Zustand *INDOS=0* (kein DOS-Funktionsaufruf vorhanden) mit Erfolg ein. Wenn man sich hingegen auf dem DOS-Prompt befindet, gilt immer *INDOS=1* und unser Weckeruhrprogramm kann nie die Systemzeit abfragen.

Realisierung

Wir realisieren deshalb unser Programm so, daß wir die Systemzeit nicht mit Hilfe von *GetTime* abfragen, sondern direkt eine *BIOS*-Variable auslesen. Der Timerinterrupt von DOS wird ca. 18.206 mal pro Sekunde aufgerufen und inkrementiert eine *BIOS*-Variable genauso oft um die Zahl 1. Wenn es also gelingt, die Anzahl *TimerTicks* auszulesen und umzurechnen (6, S. XXX), so ist unser Problem für die Uhr teilweise gelöst. Es bleiben die Fragen: "Wie aktiviere ich die Zeiteingabe ?" und "Wie rufe ich die Zeitabfrage periodisch auf ?".

Die Zeit läßt sich aus den *TimerTicks* wie folgt berechnen:

```
Zeit := TimerTicks/18.206;
Std  := Trunc(Zeit/3600);
Zeit := Zeit - (Std*3600);
Min  := Trunc(Zeit/60);
Zeit := Zeit - (Min*60);
Sek  := Trunc(Zeit);
```

Die Zeiteingabe kann entweder über den Tastaturinterrupt $09 oder den Interrupt $28 aktiviert werden. Der Interrupt $28 wird von DOS immer dann aufgerufen, wenn es sich beim Warten auf Eingaben des Anwenders innerhalb des Befehlsinterpreters in einer Art Wartezustand befindet. Der Tastatur-Interrupt wird immer beim Drücken einer Taste aktiviert. Die Zeiteingabe könnte dann mitten in einem Anwenderprogramm per HotKey erfolgen; was mir aber als zu risikoreich und unsicher erscheint. Deshalb erfolgte die Realisierung mit dem Interrupt $28. Immer wenn der Systemprompt erscheint, kann dann eine neue Zeiteingabe vom Programm ausgewertet werden.

Die Zeitabfrage kann mit dem Interrupt $1C durchgeführt werden, der 18.206 mal pro Sekunde aufgerufen wird. Indem wie beim Programm *FCD* dieser Interrupt verbogen wird, kann eine kontinuierliche Zeitabfrage ermöglicht werden.

Mehrfachinstallation

Ein wichtiges Kapitel bei speicherresidenten Programmen ist die Überprüfung, ob das Programm bereits installiert ist. Um dies zu erreichen, bieten sich viele Lösungen an (6, S. 67-74).

Die letzten 16 Bytes im BIOS-Datenbereich des Hauptspeichers sind frei. Gemäß der Dokumentation von Microsoft sind diese Bytes an der Adresse $40:$F0 bis $40:$FF als Kommunikationsbereich für Zwischenanwendungen gedacht - sie werden jedoch fast nie benützt. In der Regel befinden sich dort also 16 NullBytes. Unser *TSR*-Programm kann nun ein Byte benützen, indem bei der Installation willkürlich das Byte [$40:$FF] auf den Wert 99 gesetzt wird. Bei einem erneuten Installationsversuch muß lediglich der Wert dieses Bytes überprüft werden. Hat dieses den Wert 99, ist das Programm bereits installiert.

Verbiegen der Interrupts

Durch das Verbiegen der Interrupts $1C und $28 kann genau dann ein Problem entstehen, wenn diese Interrupts auch von anderen *TSR*-Programmen oder Anwendungen benützt werden. Um diesem Problem aus dem Weg zu gehen, muß nach dem Aufruf der eigenen *Interrupt*-Prozedur die alte Prozedur sauber ausgeführt werden. In unserem Programm ist dieser kurze Teil in Form von Inline-Code (Assembler) realisiert.

Speicheranforderung

Turbopascal bietet den großen Vorteil gegenüber anderen Programmiersprachen, daß sich die maximale Größe des Heap sowie des Stacks mit Hilfe der Compilerdirektiven $M festlegen läßt:

```
{$M Stackgröße, minimale HeapGröße, maximale HeapGröße}
```

z. B. {$M 2048, 0, 4096}. Dies ist bei einem *TSR*-Programm auch unbedingt notwendig. Als Defaultwert belegt ein Turbopascal-Programm nämlich den gesamten Speicher. Ein *TSR*-Programm, das den gesamten Speicherplatz für sich selbst beansprucht, bringt jedoch das System zum Absturz, da kein Platz mehr bleibt für andere Programme, auch nicht mehr für DOS selbst.

Zeitkritische Aktionen

Der Aufruf der *DELAY*-Prozedur in der Prozedur *TIME_INT* ist ein besonderes Problem: Der Timer-Interrupt $1C wird ca. 18.206 x pro Sekunde aufgerufen. Dies bedeutet, daß die Prozedur, die durch diesen Interrupt ausgeführt wird, eine Ausführungszeit von unter 54 Millisekunden aufweisen muß. Optimal wäre natürlich eine möglichst kurze Laufzeit, da sonst eine speicherresidente Bremse für den PC entsteht. Eine Ausführungszeit von 55 Millisekunden und mehr führt zum Systemabsturz.

Um aber einen hörbaren Ton zu erzeugen, ist ein möglichst großer Wert für *DELAY* wünschbar - zwischen den Anweisungen *SOUND* und *NOSOUND* - der Konflikt ist also vorprogrammiert.

Rekursion

Eine weitere Schranke ist dem *TSR*-Programm dadurch gesetzt, daß keine
rekursiven Aufrufe ausgeführt werden dürfen. Die Aktivierung per Hotkey -
in unserem Falle < CTRL-ALT-SHIFT_LINKS > - darf nur *genau ein Mal*
erfolgen (sonst droht wieder ein Systemabsturz).

In unserem Falle lösen wir das Problem dadurch, daß wieder eine unbelegte
Speicherstelle willkürlich auf den Wert 98 gesetzt wird. [$40:$FE] Dieser
Wert wird dann vom Programm überprüft. Falls der Hotkey betätigt wird,
steht dann dort eine 98 - sonst eine Null:

```
IF ((MEM[$40:$17] AND 14)=14) AND (MEM[$40:$FE] <> 98) THEN BEGIN
    MEM[$40:$FE]:=98;
    WRITE('ALARMZEIT: [HH:MM] '); READLN(STR0);
    VAL(COPY(STR0,1,2), HH, RES); VAL(COPY(STR0,4,2), MM, RES);
    TASTE(13,0);
    MEM[$40:$FE]:=0;
......
```

Aufruf des Programms/Parameter:

ALARM [OHNE PARAMETER]

Die Alarmzeit wird nach Programmbeginn noch gefragt. Das Format der
Zeiteingabe ist [HH:MM], wobei HH für die Stunden steht und MM für die
Minuten.

Ziel/Zweck des Programmes:

Erinnerung an Termine während der PC-Benützung.

-->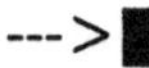

16:24:25 Uhr █

C:\TURBO\DOSHILF>

Abbildung 22: Bildschirmausgabe von ALARM

<table>
<tr><td>

Funktions-Schema:

</td></tr>
<tr><td>

ALARM arbeitet nach folgendem Schema:

- Variablen initialisieren.
- Überprüfung, ob das Programm schon installiert ist.
- Abfrage der "Alarmzeit".
- Timerfolgeinterruptvektor $1C auf eigene Prozedur verbiegen; 18.206 x pro Sekunde:
  - In Prozedur Zeit ermitteln.
  - Alle 6 Timertakte die Uhr auf den Bildschirm schreiben.
  - Zur richtigen Zeit 1 Minute lang Wecker ertönen lassen.
- Alte Prozedur ausführen.
- Prozedurende.
- Interrupt $28 auf eigene Prozedur verbiegen.
- Falls Interrupt $28 ausgeführt wird (auf Systemprompt) und der HotKey gedrückt wurde.
  - Eingabemöglichkeit für Alarmzeit
  - Alte Prozedur ausführen.
- Prozedurende.
- = im Hauptprogramm, sonst: residente Prozeduren.

</td></tr>
</table>

Verwendete DOS-Funktionen/Prozeduren

Prozedur/Array:	Zweck:
Delay:	Definierte Programmverzögerung in [ms].
GetIntVec:	Interruptvektorinhalt sichern.
GoToXY:	Ausgabe auf dem Bildschirm positionieren.
Halt:	Programm beenden.
Inline:	Assembler Inline-Code.
Intr($10, Regs) :	Verstecken und sichtbarmachen des Cursors.
Keep:	Programm resident beenden.
Mem/Memw:	Speicherstellen lesen/setzen.
NoSound:	Ton abstellen.
SetIntVec:	Interruptvektor setzen.
Sound:	Tongenerator aktivieren.
TextAttr:	Vordergrund-/Hintergrundfarbe setzen.
Wherex, Wherey:	Cursorposition lesen.

Verwendete Unterprogramme:

GetCursor,

ShowCursor,

HideCursor	wie in den übrigen Programmen.
Taste	simuliert einen Tastendruck im Tastaturpuffer wie im Utility *FCD*.
Time_Int	ist eine kurze Interrupt-Prozedur. Sie bestimmt die aktuelle Uhrzeit anhand der Anzahl Timerticks, die in einer *BIOS*-Variablen an der Speicherstelle $40:$6C abgelegt werden (18.206 x Anzahl verstrichene Sekunden seit Mitternacht). Anschließend wird die Uhrzeit ca. 3x /Sekunde ausgegeben und, falls die Zeit stimmt, der Weckerton.
Tast_Int	überprüft, ob die Tastenkombination < CTRL-ALT-ShiftLinks > gedrückt wurde. Falls ja, ist es möglich, eine neue Alarmzeit zu setzen.

Hauptprogramm

Das Hauptprogramm übernimmt in ALARM nur elementare Aufgaben. Zuerst werden die Variablen initialisiert; anschließend wird anhand der Speicherstelle $40:$FF überprüft, ob das Programm bereits installiert wurde. Falls ja, wird das Programm sofort abgebrochen. Andernfalls werden nach der Abfrage der gewünschten "Alarmzeit" die Interruptvektoren $1C und $28 auf die eigenen Prozeduren *Time_Int* und *Tast_Int* verbogen. Zuletzt wird das Programm resident beendet.

Grenzen des Programms, Nachteile

Solange ein aufgerufenes Programm im TextMode arbeitet, funktioniert ALARM im Hintergrund einwandfrei. Probleme treten im Graphikmodus eines Programms auf: Die Uhr erscheint nicht mehr, aber der Weckerton ertönt auch dann zur vorbestimmten Zeit. Bei ganz wenigen Programmen ist eine Zusammenarbeit mit ALARM unmöglich: Dazu gehört das Utility *FCD* (es verbiegt den Interrupt $1C) dieser Sammlung sowie z.B. PSION CHESS (ein Schachprogramm für PC's).

Wegen der endlichen Approximation der Anzahl 18.206 Timer-ticks/Sek. ist die Zeitangabe nur auf 2 Sekunden genau (Übereinstimmung mit der DOS-Zeit, beachten Sie den Zeitwechsel von 24.00 Uhr auf 0.01 Uhr.).

Programm-Quellcode:

```pascal
{*****************************************************************}
{*                    A L A R M                               *}
{*-----------------------------------------------------------*}
{* Aufgabe     : ALARM ist ein speicherresidenter Wecker.     *}
{*                                                            *}
{*-----------------------------------------------------------*}
{* Autor       : GEORG FISCHER                                *}
{*                                                            *}
{*                                                            *}
{* entwickelt  : 16.09.1991                                   *}
{* Update      : 19.09.1991                                   *}
{*                                                            *}
{*****************************************************************}

PROGRAM ALARM;
USES DOS, CRT;
{$M 1024, 0, 0}
{$S-} {$R-} {$I-}

VAR OLD_INT1: PROCEDURE;           {* ALTER TIMERINTERRUPT       *}
  . OLD_INT2: PROCEDURE;           {* ALTER TASTATURINTERRUPT    *}
    TICK    : LONGINT ABSOLUTE $0000:$046C;  {* ANAZAHL TIMER-   *}
                                             {* TICKS            *}
    ZEIT    : REAL;                {* ZEIT IN ANZAHL SEK.        *}
    STD, MIN: LONGINT;
    HH, MM  : LONGINT;             {* STD. / MIN.                *}
    SEK     : LONGINT;
    I       : LONGINT;             {* ZAEHLER                    *}
    STR0    : STRING[5];           {* ZEIT ALS STRING [HH:MM]    *}
    ST, EN  : INTEGER;             {* ANFANGS-/ENDZEILE DES CURSOR *}
    RES     : INTEGER;             {* RESULT KONV. STRING/INTEGER *}
    STD1    : STRING[2];           {* ZEITANGABEN  ALS STRING    *}
    MIN1    : STRING[2];
    SEK1    : STRING[2];


    {* CURSOR-GROESSE VOM BIOS HOLEN *}
    {* CURSOR-GROESSE VOM BIOS HOLEN *}
```

```pascal
PROCEDURE GETCURSOR;
VAR REGS: REGISTERS;
BEGIN
   REGS.AH := 3;
   REGS.BH := 0;
   INTR ($10, REGS);
   ST := REGS.CH;
   EN := REGS.CL;
END; (* PROCEDURE *)


(* CURSOR VERSTECKEN *)
(* CURSOR VERSTECKEN *)

PROCEDURE HIDECURSOR;
VAR REGS: REGISTERS;
BEGIN
   REGS.AH := 1;
   REGS.CX := $2000;
   INTR ($10, REGS);
END; (* PROCEDURE *)



(* CURSOR ZEIGEN *)
(* CURSOR ZEIGEN *)

PROCEDURE SHOWCURSOR;
VAR REGS: REGISTERS;
BEGIN
   REGS.AH := 1;
   REGS.CH := ST;
   REGS.CL := EN;
   INTR ($10, REGS);
END; (* PROCEDURE *)


(* SIMULIERT EINE RETURN-TASTE BEI DER EINGABE *)
(* SIMULIERT EINE RETURN-TASTE BEI DER EINGABE *)

PROCEDURE TASTE(L,H:BYTE);
VAR I: WORD;
BEGIN
 I:=MEMW[$40:$1C]; MEM[$40:I]:=L;
 MEM[$40:I+1]:=H;
 IF (I>=$3C) THEN MEMW[$40:$1C]:=$1E
```

```
                      ELSE INC(MEMW[$40:$1C],2);
END; (* PROCEDURE *)



(* HOLT DIE SYSTEMZEIT UND SCHREIBT SIE AN DEN BILDSCHIRM *)
(* HOLT DIE SYSTEMZEIT UND SCHREIBT SIE AN DEN BILDSCHIRM *)

PROCEDURE TIME_INT;
INTERRUPT;
VAR X, Y: BYTE;
BEGIN
  (* ZEIT BESTIMMEN *)

  ZEIT:=TICK/18.2062;
  STD:=TRUNC(ZEIT/3600); ZEIT:=ZEIT-(STD*3600);
  MIN:=TRUNC(ZEIT/60);   ZEIT:=ZEIT-(MIN*60);
  SEK:=TRUNC(ZEIT);
  STR(STD:2, STD1); STR(MIN:2, MIN1); STR(SEK:2, SEK1);
  IF (STD1[1]=' ') THEN STD1[1]:='0';
  IF (MIN1[1]=' ') THEN MIN1[1]:='0';
  IF (SEK1[1]=' ') THEN SEK1[1]:='0';

  INC(I);



  (* FALLS ALARMZEIT GEKOMMEN, TON + UHR *)
  (* FALLS ALARMZEIT GEKOMMEN, TON + UHR *)

  IF (I=6) THEN BEGIN
    X:=WHEREX; Y:=WHEREY;
    GETCURSOR; HIDECURSOR;
    GOTOXY(64,1); TEXTATTR:=31;
    WRITELN(STD1,':',MIN1,':',SEK1,' Uhr');
    IF (STD=HH) AND (MIN=MM) THEN BEGIN
      SOUND(3200); DELAY(25); NOSOUND;
    END (* IF *)
    ELSE DELAY(10);
    GOTOXY(X,Y);
    SHOWCURSOR;
    TEXTATTR:=7;
  END; (* IF *)

  IF (I > 5) THEN I:=0;
  INLINE($9C/                    (* PUSHF ; INT 1C AKTIVIE-  *)
```

```
                $3E/                     (* DS    ; REN.            *)
                $FF/$1E/OLD_INT1);       (* CALL FAR [OLD_INT1 1C]  *)


END; (* PROCEDURE *)



(* HAENGT SICH BEI TASTATURINTERRUPT EIN UND FRAGT ZEIT AB *)
(* HAENGT SICH BEI TASTATURINTERRUPT EIN UND FRAGT ZEIT AB *)


PROCEDURE TAST_INT;
INTERRUPT;
BEGIN

 (* FALLS HOTKEY NOCH NICHT BETAETIGT, DANN TASTATUREINGABE UE-*)
 (* BER HOTKEY *)


 IF ((MEM[$40:$17] AND 14)=14) AND (MEM[$40:$FE] <> 98) THEN BEGIN
    MEM[$40:$FE]:=98;

    WRITE('ALARMZEIT: [HH:MM] '); READLN(STR0);
    VAL(COPY(STR0,1,2), HH, RES); VAL(COPY(STR0,4,2), MM, RES);
    TASTE(13,0);
    MEM[$40:$FE]:=0;
    EXIT;
  END; (* IF ((MEM[$40 .. *)

   INLINE($9C/                  (* PUSHF ; INT 28h AKTIVIE- *)
          $3E/                  (* DS    ; REN.            *)
          $FF/$1E/OLD_INT2);    (* CALL FAR [OLD_INT2 28]   *)

END; (* PROCEDURE *)



(* MAIN *)
(* MAIN *)


BEGIN
  CHECKBREAK:=FALSE;
  WRITELN; I:=0;

  (* PRUEFE, OB PROGRAMM SCHON INSTALLIERT IST. *)

  IF (MEM[$40:$FF] = 99) THEN BEGIN
    WRITELN('Programm wurde bereits installiert !');
```

```
   HALT(0);
END
ELSE MEM[$40:$FF]:=99;

WRITELN('ALARM ist installiert.');
WRITE('ALARMZEIT: [HH:MM] '); READLN(STRO);
VAL(COPY(STRO, 1, 2), HH, RES); VAL(COPY(STRO, 4, 2), MM, RES);

(* INTERRUPT-VEKTOREN VERBIEGEN *)

GETINTVEC($1C,aOLD_INT1);
SETINTVEC($1C,aTIME_INT);
GETINTVEC($28,aOLD_INT2);
SETINTVEC($28,aTAST_INT);
KEEP(0);
END.
```

Literaturhinweise

(1) PC Profibuch, Martin Althaus, Sybex-Verlag, 1988-90

(2) PC Intern, Michael Tischer, Data Becker GmbH, 1988-90

(3) MS-DOS Programmierhandbuch, Günter Born, Markt&Technik, 1990

(4) DOS-Utilities in Turbo Pascal, Olaf Jäger, Addison-Wesley, 1990

(5) Turbo Pascal Profibuch, Charles C. Edwards, Sybex-Verlag, 1987

(6) SystemTuning mit TSR-Programmen, Günter Born, Addison-Wesley, 1990

INDEX

A

B

C

D

S

T

Arbeiten mit Microsoft Excel Version 3.0

von The Cobb Group

1992. XVIII, 946 Seiten. Gebunden.
ISBN 3-528-14683-4

Sorgfalt, Sachverstand und vielfältige Insidertips machen das Buch zu einem wichtigen Begleiter in der alltäglichen aber auch in der professionellen Arbeit mit Excel 3.0.

The Cobb Group ist ein bewährtes und erfolgreiches Autorenteam, dessen profundes Know-how direkt von „der Quelle" stammt.

Verlag Vieweg · Postfach 58 29 · D-6200 Wiesbaden

Effektiv Starten mit Visual Basic

von Dagmar Sieberichs und Hans-Joachim Krüger

1992. X, 296 Seiten. Kartoniert.
ISBN 3-528-05202-3

Eine mit viel Pfiff dargestellte, grundlegende Einführung in die Programmiersprache bzw. die Entwicklungsumgebung von Visual Basic.

Das Buch vermittelt dem Leser stark beispielorientiert die zukunftsweisende „Philosophie" eines fensterorientierten Entwicklungssystems. Alle Programmbeispiele „münden" in einer fertigen und voll funktionsfähigen Windows-Anwendung: einer komfortablen Adressverwaltung unter Windows.

Verlag Vieweg · Postfach 58 29 · D-6200 Wiesbaden

Vieweg C++ Toolbox

Professionelle Bibliothek für Turbo C und Borland C++

von Manfred Rebentisch

1991. VIII, 420 Seiten mit Diskette. Gebunden.
ISBN 3-528-05162-0

Hier liegt ein Buch/Softwarepaket vor, das sich kompromißlos an den Praktiker unter den Programmierprofis richtet. Es enthält keine theoretischen Exkurse ohne Nutzen, sondern handfeste Utilities und Tricks für den Einsatz unter Turbo C++, die es „in sich haben". Und das Ganze unkonventionell dargereicht von einem der ganz wenigen Autoren im Bereich Computerliteratur, die es gewohnt sind, kein Blatt vor den Mund zu nehmen.

Verlag Vieweg · Postfach 58 29 · D-6200 Wiesbaden